城市轨道交通操作岗位系列培训教材

城市轨道交通站务员

主　编　王世伟
副主编　李江涛　贾明奔　李　磊
主　审　吴　刚

人民交通出版社股份有限公司
北　京

内 容 提 要

本书为城市轨道交通操作岗位培训教材，其以企业需求为导向，以培养新员工岗位技能为目的，理论与实际相结合，全面、系统地阐述了站务员岗位所需要掌握的理论知识与实操技能。本书分为五篇，第一篇基础篇，主要介绍城市轨道交通的发展以及相关的基本概念；第二篇行车篇，主要讲述行车的相关概念、行车有关的设备以及行车组织；第三篇票务篇，主要讲述票务的基本概念、票务运作以及票务违章违规；第四篇客运服务篇，主要讲述客运服务规范以及客运服务组织；第五篇安全篇，主要从站务安全管理、安全案例以及消防设备三个方面阐述站务安全。

本书可供城市轨道交通站务员岗位培训使用，也可作为职业院校城市轨道交通相关专业教材。

图书在版编目（CIP）数据

城市轨道交通站务员/王世伟主编. －－北京：人民交通出版社股份有限公司, 2017.7（2025.1重印）
城市轨道交通操作岗位系列培训教材
ISBN 978-7-114-13559-0

Ⅰ.①城… Ⅱ.①王… Ⅲ.①城市铁路—轨道交通—客运服务—岗位培训—教材 Ⅳ.①U239.5

中国版本图书馆CIP数据核字（2016）第320459号

城市轨道交通操作岗位系列培训教材
Chengshi Guidao Jiaotong Zhanwuyuan

书　　名：	城市轨道交通站务员
著 作 者：	王世伟
责任编辑：	吴燕伶
出版发行：	人民交通出版社股份有限公司
地　　址：	（100011）北京市朝阳区安定门外外馆斜街3号
网　　址：	http://www.ccpcl.com.cn
销售电话：	（010）59757973
总 经 销：	人民交通出版社股份有限公司发行部
经　　销：	各地新华书店
印　　刷：	北京建宏印刷有限公司
开　　本：	787×1092　1/16
印　　张：	9.75
字　　数：	202千
版　　次：	2017年7月　第1版
印　　次：	2025年1月　第8次印刷
书　　号：	ISBN 978-7-114-13559-0
定　　价：	32.00元

（有印刷、装订质量问题的图书，由本公司负责调换）

PREFACE 序

著述成书有三境：一曰立言传世，使命使然；二曰命运多舛，才情使然；三曰追名逐利，私欲使然。予携众编写此系列丛书，一不求"立言"传不朽，二不恣意弄才情，三不沽名钓私誉。唯一所求，以利工作。

郑州发展轨道交通八年有余，开通运营两条线46.6公里，各系统、设施设备运行均优于国家标准，服务优质，社会口碑良好。有此成效，技术、设备等外部客观条件固然重要，但是最核心、最关键的仍是人这一生产要素。然而，从全国轨道交通发展形势来看，未来五年人才"瓶颈"日益凸显。目前，全国已有44个城市轨道交通建设规划获得批复，规划总里程7000多公里，这比先前50年的发展总和还多。"十三五"期间，城市轨道交通发展将处于飞跃发展时期，相关专业技术人才将面临"断崖"处境。社会人才储备、专业院校输出将无法满足几何级增长的轨道交通行业发展需求。

至2020年末，郑州市轨道交通要运营10条以上线路，总里程突破300公里，人才需求规模达16000人之多。环视国内其他城市同期建设力度，不出此左右。振奋之余更是紧迫，紧迫之中夹杂些许担心。思忖良久，唯立足自身，"引智"和"造才"双管齐下，方可破解人才困局，得轨道交通发展始终，以出行之便、生活之利飨商都社会各界，助力国家中心城市和国际商都建设。

郑州市轨道交通通过校园招聘和订单班组建，自我培养各类专业技术人员逾3000人。订单班组建五年来，以高职高专院校的理论教学为辅，以参与轨道交通设计、建设和各专业各系统设备生产供应单位的专家实践教学为主，通过不断创新、总结、归纳，逐渐形成了成熟的培养体系和教学内容，所培养学生大都已成为郑州市轨道交通运营一线骨干力量。公司以生产实践经验为依托，充分发挥有关合作院校的师资力量，同时在设备制造商、安装商和设施设备维修维保商的技术支持下，编写了本套城市轨道交通操作岗位系列培训教材，希望以此建立起一套符合郑州市轨道交通运营实际且符合轨道交通行业发展水平的教材体系，为河南乃至全国轨道交通人才培养略尽绵薄之力。

教材编写过程中,得到了西南交通大学、大连交通大学、石家庄铁道大学、上海地铁维护保障有限公司、郑州铁路职业技术学院以及人民交通出版社股份有限公司的大力支持,在此一并表示感谢。

以羽扣钟,既有总结之意,也有求证之心,还请业内人士不吝赐教。

是为序。

张　洲
2016 年 10 月 21 日

FOREWORD 前 言

随着我国经济的快速发展,城市规模的迅速扩大,公共交通尤其是城市轨道交通的作用愈发重要。目前,随着城市化进程的逐步加速,我国的城市轨道交通建设有望迎来黄金发展期,预计到2020年,我国城市轨道交通累计营业里程将达到7395公里,这使城市轨道交通运营相关专业人才的需求更加明显。为培养城市轨道交通运营专业人才,实现优质、高效、精益、安全运营,结合轨道交通运营及轨道交通院校相关专业发展需求,特编制本书。

本书是由工作在郑州市轨道交通一线的专业技术人员编制而成。其在参考郑州市轨道交通有限公司相关规章文本基础上,结合郑州市轨道交通有限公司的运营经验,系统、全面地阐述了城市轨道交通站务员应掌握的理论知识和岗位技能。全书分为五篇,主要内容包括城市轨道交通概述、行车组织、客运服务、票务运作以及安全五大模块。

本书由王世伟担任主编,吴刚担任主审。编写分工如下:第一篇由孟萌、贾国同、赵振锋编写,第二篇由李翔然、刘永保、王超编写,第三篇由张小魁、高晓丽、江扬琦编写,第四篇由赵培峰、芦静雯、闫莹莹编写,第五篇由胡丛洋、宋婷婷、刘棒编写。吴刚来自西南交通大学,其余人员来自郑州市轨道交通有限公司。

本书编写过程中,得到西南交通大学、大连交通大学、石家庄铁道大学、上海地铁维护保障有限公司、郑州铁路职业技术学院以及人民交通出版社股份有限公司的大力支持,在此表示诚挚的感谢!

本书参与编写的人员大多是一线员工,编制水平有限,书中难免存在疏漏和不足之处,恳请广大读者批评指正。

编 者

2016 年 10 月

INTRODUCTION 学习指导

一 岗位职责

站务员按工作内容分为客服中心岗、站台岗以及厅巡岗。客服中心岗主要是为乘客提供票务服务以及处理乘客事务;站台岗主要是在站台维持乘车秩序,保证行车安全;厅巡岗则主要是协助车站开展工作,满足车站站务员岗位的轮换需求。

二 课程学习方法及重点

本书主要用于站务员岗位新员工的培训,新员工须在规定培训周期内完成站务员岗位的上岗要求。按照站务员岗位需求,本书从五个方面详细地罗列了站务员需要掌握的岗位技能,以城市轨道交通的基础知识为开篇让员工对城市轨道交通有一个概念的认识,循序渐进地介绍了站务员岗位的行车、票务、服务以及消防技能知识。本书的难点以及重点为行车组织,员工应熟练掌握该知识的要点,并在以后工作中理解与运用。此外,票务篇也是员工必须掌握的重点知识,新员工须掌握票务设备操作等技能,方能胜任客服中心岗。

三 岗位晋升

根据人员情况,定期对满足职级要求(工作年限、职称、学历、绩效考评)的人员,按照一定比例进行晋级。站务操作类员工晋升通道由低到高依次为:站务员、值班员、值班站长。

CONTENTS 目 录

第一篇 基础篇

第一章　城市轨道交通 ································· 2
　　第一节　城市轨道交通概述 ························· 2
　　第二节　城市地铁 ··································· 5
　　第三节　地铁相关知识 ······························ 7

第二章　车站运作 ······································ 10
　　第一节　车站组织构架 ····························· 10
　　第二节　岗位工作内容 ····························· 11
　　第三节　开关站作业程序 ··························· 12

第二篇 行车篇

第三章　行车基本理论 ································ 16

第四章　行车设备及备品简介 ························ 19
　　第一节　行车设备简介 ····························· 19
　　第二节　行车备品简介 ····························· 26

第五章　行车组织 ······································ 31
　　第一节　正常情况行车组织 ······················· 31
　　第二节　非正常情况行车组织 ···················· 33
　　第三节　电话闭塞法 ································ 35
　　第四节　手摇道岔 ··································· 38
　　第五节　信号显示 ··································· 40

第三篇 票务篇

第六章 票务设备简介及票务基本定义 ·········· 44
　第一节　AFC 设备简介 ·········· 44
　第二节　票务基础知识 ·········· 50

第七章 票务基本工作 ·········· 52
　第一节　配票结算 ·········· 52
　第二节　票务报表 ·········· 54

第八章 票务违章及票务事故 ·········· 55
　第一节　术语和定义 ·········· 55
　第二节　票务违章 ·········· 56
　第三节　票务事故 ·········· 57

第四篇 客运服务篇

第九章 客运服务规范 ·········· 62
　第一节　运营环境标准 ·········· 62
　第二节　客运服务标准 ·········· 63

第十章 客运组织 ·········· 72
　第一节　定义、原则 ·········· 72
　第二节　客流组织 ·········· 73
　第三节　车站乘客事务处理 ·········· 78
　第四节　乘客遗失物品处理 ·········· 82
　第五节　乘客伤亡事故管理办法 ·········· 84
　第六节　案例学习 ·········· 87

第五篇 安全篇

第十一章 站务安全管理 ·········· 92
　第一节　通用安全守则 ·········· 92
　第二节　运营事故(事件)分类及责任划分 ·········· 93

第十二章 安全案例学习 ·········· 95
　第一节　安全典型案例 ·········· 95
　第二节　行车安全案例 ·········· 96

第十三章　消防设备···100

第一节　消火栓···100
第二节　灭火器···103
第三节　自救式呼吸器···106
第四节　消防备品柜··109
第五节　消防电话操作···113

第十四章　突发事件应急处理·····································115

附录一　郑州市轨道交通条例·····································130

附录二　专业词汇定义表··141

参考文献··144

第一篇 基 础 篇

第一章　城市轨道交通

> **岗位应知应会**
>
> 1. 了解城市轨道交通相关的基本知识。
> 2. 熟悉地铁相关的基础知识。
>
> **重难点**
> 重点:地铁相关基础知识。
> 难点:站台的类型。

第一节　城市轨道交通概述

一、城市轨道交通的概念和特点

(一)城市轨道交通的定义

城市轨道交通是指具有固定线路,铺设固定轨道,配备运输车辆、服务设施等城市公共客运交通系统。"城市轨道交通"是一个包含范围较大的概念,在国际上没有统一的定义。一般而言,广义的城市轨道交通是指以轨道运输方式为主要技术特征,是城市公共客运交通系统中具有中等以上运量的轨道交通系统(有别于道路交通),主要为城市内(有别于城际铁路,但可涵盖郊区及城市圈范围)的公共客运服务,是一种在城市公共客运交通中起骨干作用的现代化立体交通系统。

城市轨道交通是公交铁路化的产物,相对于公交,其特点为运载能力强;而城际轨道交通则是铁路公交化的产物,其特点主要为里程较短,时间间隔小,运营组织简单。城市轨道交通归根结底是城市公共交通的一种,只是通过铁路的形式表现出来。城际轨道交通归根结底是国家铁路的一种,但目前广泛采用公交化的运营组织方案。

城市轨道交通以其大载客量、快捷、准时、安全、环保而成为解决交通拥挤的最有效手段。城市公共交通的轨道化程度已成为衡量一个城市现代化进程的重要标志之一。城市轨道交通经历了自 1863 年以来近一个半世纪的发展,它技术成熟、安全可靠、形式多样、用途广泛,正成为城市交通的骨干。

(二)城市轨道交通的特点

1. 运量大

城市轨道交通由于高密度运转,列车行车时间间隔短,行车速度高,列车编组辆数多而具有较大的运输能力。高峰小时单向运输能力最大可达到6万~8万人次(市郊铁路);地铁达到3万~6万人次,甚至达到8万人次;轻轨1万~3万人次;有轨电车能达到1万人次/h。城市轨道交通的运输能力远远超过公共汽车。据文献统计,地铁每公里线路年客运量可达100万人次以上,最高达到1200万人次,如莫斯科地铁、东京地铁、北京地铁等。城市轨道交通能在短时间内输送较大的客流,据统计,地铁在早高峰时1h能通过全日客流的17%~20%,3h能通过全日客流的31%。

2. 准时

城市轨道交通由于在专用行车道上运行,不受其他交通工具干扰,不产生线路堵塞现象并且不受气候影响,是全天候的交通工具,列车能按运行图运行,具有可信赖的准时性。

3. 快捷

与常规公共交通相比,城市轨道交通由于运行在专用行车道上,不受其他交通工具干扰,车辆有较高的运行速度,有较高的起动、制动加速度,多数车站采用高站台,列车停站时间短,乘客上下车迅速方便,而且换乘方便,从而可以使乘客较快地到达目的地,缩短了出行时间。

4. 舒适

与常规公共交通相比,城市轨道交通车辆具有较好的运行特性,车辆、车站等设有空调、引导装置、自动售检票装置等直接为乘客服务的设备,具有较好的乘车条件,其舒适性优于公共电车、公共汽车。

5. 安全

城市轨道交通由于运行在专用轨道上,没有平交道口,不受其他交通工具干扰,并且有先进的通信信号设备,极少发生交通事故。

6. 占地少,不破坏地面景观

大城市地面拥挤、土地费用昂贵。城市轨道交通由于充分利用了地下和地上空间的开发,不占用地面街道,能有效缓解由于汽车大量发展而造成道路拥挤、堵塞的现象,有利于城市空间合理利用,特别有利于缓解大城市中心区过于拥挤的状态,提高了土地利用价值,并能改善城市景观。

7. 低污染

城市轨道交通采用电气牵引,与公共汽车相比不产生废气污染。城市轨道交通的发展,还能减少公共汽车的数量,进一步减少了公共汽车的废气污染。由于在线路和车辆上采用了各种降噪措施,城市轨道交通一般不会对城市环境产生严重的噪声污染。

8. 投资大，技术复杂，建设周期长

城市轨道交通是一个庞大的系统工程，它涉及土建、机械、电子、供电、通信、信号等技术。设备多，点多面广，技术要求、技术含量高，系统性、严密性、联动性要求高。土建工程大而多，且建设的周期长。涉及的资金投入一般是每千米4～6亿元。一般大城市建成一个200千米的城市轨道交通线网，要投资上千亿的资金，且时间要10～20年以上。

二、城市轨道交通的类型

城市轨道交通种类繁多，技术指标差异较大，世界各国评价标准不一，目前尚无十分统一的分类标准，不同的分类方法，可以有不同的结果。

城市轨道交通按轨道空间位置划分，可分为地下铁路、地面铁路和高架铁路；按轨道形式划分，可分为重轨铁路、轻轨铁路和独轨铁路；按支承导向制式划分，可分为钢轮钢轨系统、胶轮混凝土轨系统和胶轮钢梁系统等；按小时单向运能划分，可分为大运量系统（高峰小时单向运输能力达到3万人次以上）、中运量系统（高峰小时单向运输能力达到1.5万～3万人次）和小运量系统（高峰小时单向运输能力达到0.5万～1.5万人次）；按路权专用程度划分，可分为线路全封闭型、线路半封闭型和线路不封闭型；按服务区域分类划分，可分为市郊铁路、市内铁路和区域快速铁路；按运能范围、车辆类型及主要技术特征划分，可分为有轨电车、地下铁路、轻轨、城市（市郊）铁路、独轨、磁悬浮、新交通系统等。

三、城市轨道交通发展历史

自1863年伦敦建成世界上第一条地铁，到1990年世界上已有30多个国家和地区的100余座城市建成地铁并投入了使用。几乎世界著名的城市如伦敦、纽约、柏林、巴黎、莫斯科、东京、新加坡、香港等都先后建成并形成地铁网络，促进了经济的发展，有的地铁已成为现代化城市的著名景观（如莫斯科地铁）。可见，是否具有地铁已成为现代化大城市的标志。

根据国外发展城市交通的经验，对于人口超过100万的城市一般应发展地铁以解决城区交通，促进经济的发展。按照国内情况，结合旧城市的改造和城市经济的发展，改善居民居住条件等规划地铁的发展也有许多可行的经验。中国第一条地铁是1971年开通的北京地铁。1965年7月1日，北京地铁一期工程正式开工，1969年10月1日完工并运营，1969年11月，因路线供电方式有缺陷，发生大火（无人员伤亡）。路线改造后1971年1月15日继续运营。上海地铁于1990年初开始兴建，到1993年开通第一条路线，目前已经成为世界上规模最大的地铁网络。随着改革开放形势的发展和经济实力的增强，地铁在我国有着美好的发展前景。根据有关轨道交通行业发展现状统计数据显示，截至2016年，国家发展与改革委员会批复了44个城市的轨道交通建设，规划总里程约8600km，目前在建里程超过3000km，伴随着国家的经济快速发展，我国的城市轨道交通产业已进入了高速发展时期（图1-1）。

图1-1　不同时期的城市轨道交通

北京、上海、广州三大城市轨道建设和运营实践证明了城市轨道交通的发展对解决大城市交通拥堵、提高环境质量、调整城市区域结构和产业布局以及拉动城市社会经济持续发展和合理布局，作用突出。城市轨道交通的发展解决了远距离上下班空间距离与时间的矛盾，并提高了居民的生活质量，促进了城市合理布局的形成。

第二节　城市地铁

一、地铁概述

地铁是指在城市中心以地下运行为主，城市中心以外地区转成地面或高架路段运行，运用有轨电力机车牵引的城市轨道交通系统，除在地面每隔一段距离建一个出进站口外，较少占用城市空间。地铁本身是一种独立的有轨交通系统，其正常运行不受地面道路拥挤的影响，能够按照设计的能力正常运行，实现快捷、安全、舒适地运送旅客。地铁一般采用直流或交流电力维持运营,其效率高、无污染,能够实现大运量的要求,具有良好的社会、经济效益。综合来讲,地铁已成为一座城市融入国际大都市现代化交通的显著标志。

二、地铁的功能用途

(1)客运:绝大多数的城市地铁主要是为大部分市民市内出行提供便利,其与公交车系统组成了城市公共交通的骨干。地铁是用来解决城市道路拥堵的重要的交通方式。

(2)货运:美国的芝加哥曾有用来运载货物的地铁,英国伦敦亦有专门运载邮件的地铁。但两条线路已先后在1959年及2003年停用。

(3)人防:在战争(如第二次世界大战)时,地下铁路会被用作防空洞。不少国家(如韩国)的地铁系统,在设计时都会把战争因素考虑在设计内,所以无论是线路的深度还是人群控制方面,都同时兼顾日常交通及国防的需要。

(4)避寒避暑:有些地方的地铁修建在地下,不单是为了避开地面的繁忙交通及房屋,还为了避免地铁系统受到户外恶劣天气的影响。莫斯科地铁4号线和L1号线(为地面线路),受到极端寒冷天气的肆虐,导致维修费用已经远远高过地下线路的建造及维修费用。

(5)展示综合实力:城市轨道交通系统亦被用作展示国家经济、社会以及技术实力指标。例如苏联的地铁系统便以车站装饰华丽出名,而朝鲜首都平壤的地铁系统亦有堂皇的装饰,如图1-2所示。

图1-2 苏联地铁与朝鲜地铁

第三节　地铁相关知识

一、车站

车站是地铁交通网络中一种重要的建筑物，它是供旅客乘降、换乘和候车的场所，应保证旅客使用方便、安全、迅速地进出车站，并有良好的通风、照明、卫生和防火设备等，给旅客提供舒适、清洁的环境。车站应容纳主要的技术设备和运营管理系统，从而保证城市轨道交通的安全运行。

（一）车站的分类

地铁车站按照线路布线情况，可分为：地面站、地下站、高架站。

（二）车站的组成和站台的类型

1. 车站的组成

地铁车站由站台层、站厅层、设备层以及出入口组成（图1-3）。

图1-3　车站示意图

2. 站台的类型

地铁站台按照线路分布情况，主要分为岛式站台、侧式站台以及混合式站台。岛式站台是指候车区域在站台层中央，双向行车轨道在站台两端，乘客可在候车区域选择不同方向的列车。侧式站台是指列车行驶轨道在中间,不同方向候车站台分列在轨道两侧,每个候车区对应一个方向,进入站台前需选择正确的候车区。混合式站台是岛式站台与侧式站台的混合体,将岛式站台与侧式站台同设在一个车站站台内。三种站台如图 1-4 所示。

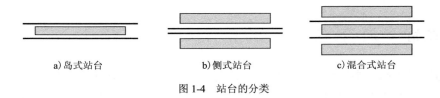

a) 岛式站台　　　　b) 侧式站台　　　　c) 混合式站台

图 1-4　站台的分类

二、线路

城市轨道交通线路由路基、桥隧建筑物和轨道组成,是专供机车车辆和列车行驶的特殊道路。它除了承受列车的巨大重量外,还要引导列车运行方向,其状态的好坏直接关系到轨道交通行车的安全和运送效率。

三、电客车

目前,世界各地城市轨道交通电客车车型没有统一的标准,往往是按照某个地方的城市轨道交通所需量身定制,比如纽约市轨道交通的 A 系统和 B 系统。在中国内地,城市轨道交通电客车车型往往被分为 A、B、C 三种常用型号(表 1-1)。

电客车类型表　　　　表 1-1

参数＼类别	Ⅰ级	Ⅱ级	Ⅲ级	Ⅳ级
系统类型	高运量地铁	大运量地铁	中运量轻轨	次中运量轻轨
适用车辆类型	A 型车	B 型车	C-Ⅰ型车、C-Ⅲ型车	C-Ⅱ型车
单向最大客运量(人次/h)	4.5 万～7.5 万	3.0 万～5.5 万	1.0 万～3.0 万	0.8 万～2.5 万
线路形态	隧道为主	隧道为主	地面或高架	地面为主
路用情况	专用	专用	专用	隔离或少量混用
平均站距(m)	800～1500	800～1200	600～1000	600～1000
站台长度(m)	200	200	120	<100
站台高低	高	高	高	低/高
车辆宽度(m)	3.0～3.2	2.8	2.6	2.6
车辆定员(站 6 人/m²)	310	240	220	220
最大轴重(t)	16	14	11	10
最大速度(km/h)	80～160	100	80	70

续上表

类别 参数	Ⅰ级	Ⅱ级	Ⅲ级	Ⅳ级
平均运行速度(km/h)	34～40	32～40	30～40	25～35
轨距(mm)	1435	1435	1435	1435
额定电压(V)	DC1500	DC1500（750）	DC1500（750）	DC750（600）
受电方式	架空线/第三轨	架空线/第三轨	架空线/第三轨	架空线
列车自动保护	有	有	有	有/无
列车运行方式	ATO/司机驾驶	ATO/司机驾驶	ATO/司机驾驶	司机驾驶
行车控制技术	ATC	ATC	ATP/ATS	ATP/ATS
列车最多车辆编组	3～8	6～8	4～7	2～4
列车最小行车间隔	90s	120s	120s	150s

郑州市轨道交通电客车采用 B 型车（图 1-5），由 6 节车辆（2 个列车单元）编组而成，每列车采用 4 动 2 拖的编组形式：=A-B-C*C-B-A=。"A"为带有一个司机室的拖车，"B"为装有受电弓的动车，"C"为无受电弓的动车，"="为全自动车钩，"-"为半永久牵引杆，"*"为半自动车钩。

图 1-5　郑州市轨道交通电客车

第二章　车站运作

> **岗位应知应会**
>
> 1. 了解车站运作过程。
> 2. 熟悉车站的工作内容及标准。
> 3. 熟悉开关站作业程序。
>
> **重难点**
>
> 重点：开关站作业以及售票流程。
> 难点：开关站作业。

第一节　车站组织构架

一、车站人员组成

车站人员主要由站长、值班站长、值班员、站务员、委外人员组成。值班员分为行车值班员与客运值班员；站务员分为客服中心岗、站台岗以及厅巡岗；委外人员分为安全员与保洁员。大多数城市轨道交通在运营前期采用自然站管理模式，而郑州市轨道交通的车站目前采用中心站管理模式，其管理结构主要由中心站站长（副站长）、值班站长、值班员、站务员、委外人员组成，如图2-1所示。

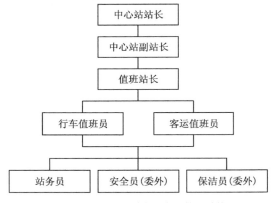

图2-1　郑州市轨道交通车站管理结构

二、车站实行由上至下的管理

车站实行由上至下的管理,低岗位员工要服从高岗位员工的管理,管理顺序依次为:站长→值班站长→值班员→站务员,信息汇报实行逐级汇报、由下至上的原则,由下至上顺序依次为:站务员→值班员→值班站长→站长,紧急情况下,可越级指挥、越级汇报。

第二节　岗位工作内容

一、站务员(站台岗)

(1)准时到车控室签到,了解工作注意事项,与交班站台岗按规定交接。

(2)按照城市轨道交通站台岗服务要求的规定进行巡视、立岗,对站台乘客候车秩序、站台卫生和安全负责,确保屏蔽门/安全门以内区域的安全。

(3)监视列车运行状态、候车乘客动态,发现异常情况及时处理。

(4)主动疏导聚集在一端的乘客到较空的地方候车,关注乘客动态,提醒乘客不要手扶屏蔽门。

(5)需要清客时,负责清客工作(按清客管理制度执行)。

(6)发现站台有异常情况时,立即报告给车控室,并按指示处理。

(7)制止并处理乘客违反城市轨道交通运营管理相关规定的行为。

(8)完成上级布置的其他工作。

二、站务员(客服中心岗)

(1)按规定班制上下班。

(2)签到后参加交接班会,了解工作注意事项,到票务室领票和备用金,领取或与交班售票员按交接班相关规定交接对讲设备、票务钥匙等。

(3)客运服务内容详见本书第四篇客运服务篇。

(4)做好开窗前准备工作,准备完毕后,插入工号牌,开始服务。

(5)检查对讲设备能否正常使用。

(6)检查票务设备、备品(验钞机、分钞盒、发票等)的状态、数量。

(7)检查客服中心卫生及客服中心外栏杆、立柱的摆设。

(8)检查客服中心内有无来历不明的现金、车票。

（9）如有问题立即报告给车控室。
（10）交班售票员退出 BOM 后，接班售票员登录 BOM。
（11）保持客服中心的整洁，票证、报表、钱袋（箱）摆放整齐。
（12）当报表、硬币、车票、发票等数量不足时，提前报告给客运值班员。
（13）客服中心门保持锁闭状态。
（14）严格执行售票作业程序（表2-1）。

售票作业程序表　　　　　　　　　　　　　　　　　表2-1

步骤	程序	内　容
1	收	收取乘客购票的票款
2	唱	讲出票款金额，重复乘客要求的购票张数和车票类型，如未听清乘客的要求，应主动礼貌地询问
3	操作	正确、迅速地操作： （1）检验钞票真伪，如钞票为伪钞，则要求乘客重新更换钞票； （2）在 BOM 上选择相应功能键，处理车票
4	找零	清楚说出找赎金额和车票张数，将车票和找赎的零钱一起礼貌地交给乘客

（15）收到的现金要分类摆好。
（16）当班中因故离岗或重新上岗时须向值班员汇报，退出或重新登录 BOM，做好票务钥匙、票务设备、对讲设备的交接工作。
（17）下班时，退出 BOM，如需与接班售票员交接，则按交接班相关规定执行，交接完毕后，与交班售票员共同在《车站客服中心交接班本》上签认；收回工号牌，整理钱、票，带回票务室与客运值班员结算，结算完毕后签退。

第三节　开关站作业程序

一、开站作业程序

开站作业程序如表2-2所示。

开站作业程序表（站务员）　　　　　　　　　　　　表2-2

序号	岗位	工 作 职 责	关键卡控点	备注
1	客服中心岗	首班载客列车到站前15分钟，售票员到票务室领取钱、票、工器具并到达客服中心	领取完钱、票后，售票员在客服中心与客运值班员交接客服中心工器具	准备好后报备车控室
2	站台岗	首班载客列车到站前10分钟，站台岗到车控室领取备品并到达站台，现场开启站台的自动扶梯、垂直电梯	保证所携带备品状态良好，站台巡视无异常，垂直电梯、扶梯运行正常	报备车控室

二、关站作业程序

关站作业程序如表 2-3 所示。

关站作业程序表（站务员） 表 2-3

序号	岗位	工 作 职 责	关键卡控点	备注
1	客服中心岗	最后一班载客列车开出前 5 分钟,售票员停止单程票兑零工作	对兑零乘客加强询问	
2	站台岗	（1）最后一班载客列车开出前,确认站台乘客均已上车,无异常情况 （2）最后一班载客列车开出后,进行全站清客,确认无乘客及闲杂人员逗留车站后,协助值班站长关闭自动扶梯、垂直电梯及出入口	单向末班车开出后加强巡视,防止有乘客在无车侧站台候车 防止清客完毕后有乘客进站	清客完毕、每关闭一个出入口报备车控室

第二篇 行 车 篇

第三章　行车基本理论

> **岗位应知应会**
>
> 了解行车组织相关的基本概念。
>
> **重难点**
> 重点：运营时刻表、站线与区间的划分。
> 难点：联锁的定义。

一、运营时刻表

（一）《运营时刻表》的定义

《运营时刻表》是行车组织的基础，也是运营组织的基础。根据客流预测及实际运营情况，对列车运行交路、停站时间、区间运行时间等进行安排。《运营时刻表》是列车在车站（车厂）出发、到达（或通过）及折返时刻的集合，以表格形式进行汇总，其分为工作日、周六日、特殊和演练时刻表。

（二）时刻表执行说明

时刻表执行说明是时刻表具体事项的补充说明。它包括了运营服务时间、首尾班车时间、上线列数、备用车数量、存放位置，列车出入车厂运行路径、接运安排、特殊车次（扣点、通过、中途折返）要求，时刻表开行列次、运送能力等。

二、限界

限界是指限定车辆运行及轨道周围构筑物超越的轮廓线。限界分车辆限界、设备限界和建筑限界三种，是工程建设、管线和设备安装等必须遵守的依据。

一切建筑物，在任何情况下，不得侵入建筑限界；一切设备，在任何情况下，不得侵入设备限界；机车、车辆，无论空、重状态，均不得超出机车、车辆限界。

三、线路的分类

线路分为正线、辅助线和车厂线。辅助线包括折返线、渡线、联络线、出入段（场）线、安全线、存车线、备用线等。

四、站线与区间的划分

车站两端墙内间的线路为站内线路（简称站线），两相邻车站相邻端墙间的线路范围为区间。端墙外方与车站站台相连的延伸走廊及其护栏内侧归属站内管理，尽头站尽头端端墙外轨行区比照区间管理。站线与区间的划分如图3-1所示。

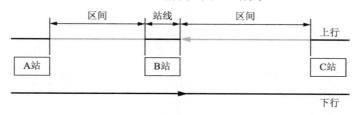

图 3-1 站线与区间的划分

五、联锁

（一）联锁的意义

联锁是指信号系统中的信号机、道岔和进路之间建立的一种相互制约关系。如进路防护信号机在开放前检查进路空闲、道岔位置正确及敌对进路未建立等，信号机开放后，道岔锁定，这种相互制约的关系称为联锁。如图3-2所示。

图 3-2 联锁

（二）联锁区划分

（1）设备集中站设有信号集成工作站，用于监控本联锁区内列车运行及设置列车进路。

（2）非设备集中站设有信号工作站，可监视所在联锁区及联锁区相邻车站内的列车运行。

六、行车标志

行车标志分为线路标志和信号标志。它们是行车工作的一个重要组成部分,主要用来对列车运行时的驾驶以及运行设备的巡检、维修等指示相关目标、条件、操作要求。

线路标志主要有:百米标、公里标、曲线标、圆曲线及缓和曲线终点标、坡度标等。

信号标志主要有:警冲标、站名标、300m预告标、200m预告标、鸣笛标、停车标、一度停车标、接触网终端标等,如图3-3、图3-4所示。

图3-3 警冲标

图3-4 地铁常见标志

警冲标:在两条线路汇合处,为了防止停留在一条线路的车辆与邻线的车辆发生侧面冲撞而设置的标志,其设在两交汇线路线间距为4m处的中间。

第四章　行车设备及备品简介

> **岗位应知应会**
>
> 1. 了解车站的行车技术设备。
> 2. 熟悉行车相关的备品备件。
> 3. 精通行车备品的使用方法与操作时机。
>
> **重难点**
>
> 重点：行车备品的使用方法与操作时机。
> 难点：行车备品操作时机。

第一节　行车设备简介

一、信号设备

信号设备包括信号工作站、IBP 盘等设备。

（一）信号系统

正线信号系统使用移动闭塞信号系统（CBTC），同时还提供了点式 ATP 和联锁控制级列车防护系统，支持 CBTC 列车和非 CBTC 列车的安全混行。

（二）IBP 盘信号模块

各车站控制室均设有 IBP 控制盘，盘面上的上、下行线路分别设有紧急停车、取消紧停、扣车、扣车解除及报警取消、计轴预复位（设备集中站）等按钮。

1. 非信号设备集中站

在紧急情况下，通过信号模块功能实现上/下行的紧急停车/取消紧停及报警切除功能，同时设置紧急停车指示灯和紧停报警蜂鸣器来显示状态信息，如图 4-1 所示。

2. 信号设备集中站

在非信号设备集中站的功能基础上，信号设备集中站增加了临时限速、（总预复位）计数器、计轴总预复位、电话端子、信号工作站切换功能及相应的状态指示灯，如图 4-2 所示。

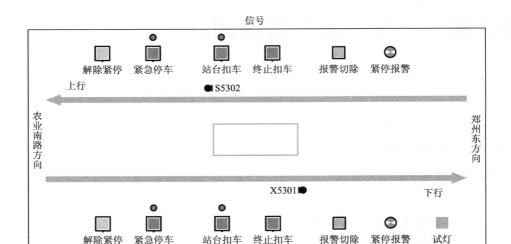

图 4-1 非信号设备集中站 IBP 盘信号模块

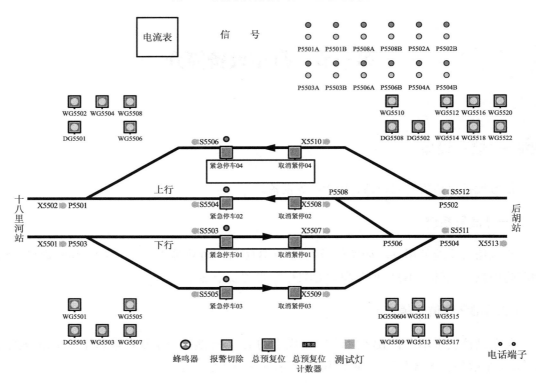

图 4-2 信号设备集中站 IBP 盘信号模块

(三)信号集成工作站

信号设备集中站设有信号集成工作站,用于监控本联锁区内列车运行及设置列车进路,如图 4-3 所示。

非信号设备集中站设有信号工作站,可监视所在联锁区及联锁区相邻车站内的列车运行。

图 4-3 信号集成工作站

二、通信设备

通信设备包括 400M 电台、800M 电台,调度专用电话、无线固定台、广播控制盒等。

(一) 400M 电台

400M 电台(对讲机)主要用于车站各岗位之间的通信,简单易用,但信号传播距离短,仅限于在车站范围内或距离较短的空间内使用,如图 4-4 所示。

(二) 800M 电台

800M 电台主要用于一条运营线路的通信,可以群呼,也可以拨打专用号码,信号传播距离远,区间、车站都可以使用,如图 4-5 所示。

图 4-4 400M 电台

图 4-5 800M 电台

(三) 调度专用电话

调度专用电话包括行调调度电话、环调调度电话、维调调度电话、电调调度电话,使用时直接摘机对话即可,并设置有录音功能,如图 4-6 所示。

图 4-6　调度专用电话

（四）无线固定台

无线固定台是固定人员（如车站值班员）与流动人员（如人工准备进路人员）之间进行高效通信联络的设备，安装在每个站的车控室，如图 4-7 所示。

（五）广播控制盒

广播控制盒是车站发生紧急情况时用来人工广播的工具，如图 4-8 所示。

图 4-7　无线固定台

图 4-8　广播控制盒

三、行车设备

行车设备包括道岔、紧急行车按钮、屏蔽门 / 安全门、IBP 盘、综合监控系统、信号工作站等。

（一）道岔

道岔是一种使机车车辆从一股道转入另一股道的线路连接设备，常用的有单开道岔、对称道岔、三开道岔以及交分道岔四类。最常见的是单开道岔，由转辙器、连接部分、辙叉以及护轨四个单元组成，如图 4-9 所示。

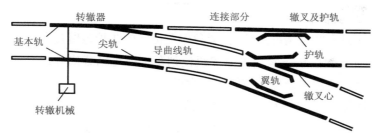

图 4-9　单开道岔结构

直线轨距标准为 1435mm，曲线轨距加宽标准见表 4-1。

曲线轨距加宽标准　　　　　　　　表 4-1

序　号	曲线半径(m)	加宽值(mm)	轨距(mm)
1	200≥R>150	5	1440
2	150≥R>100	10	1445

道岔的定反位指道岔除使用、清扫、检查、修理外，应规定经常保持向某一线路开通的位置，这个位置称之为定位，反之则称为反位。正常情况下，道岔开通直股时为"定位"，开通侧股时为"反位"。如图 4-10 所示。

图 4-10　道岔开通位置的判断

（二）紧急停车按钮（ESB）

1. 紧急停车按钮的设置和作用

（1）站台紧急停车按钮设于站台柱墙上，与车站控室内 IBP 控制盘上的紧急及切除停车报警按钮相连通，当出现危及行车安全情况时，可立即按压该按钮，使电客车紧急停车，如图 4-11 所示。

（2）各车站控制室均设有 IBP 控制盘，盘面上的上、下行线路分别设有紧急停车、紧急停车取消按钮。

图 4-11　紧急停车按钮

2.紧急停车功能说明

紧急停车按钮是在紧急情况下使用,紧急停车按钮的防护范围是车站站线(含站台屏蔽门)。在发生紧急情况时,按压紧急停车按钮使列车不能进站或离开站台,防止由于动车危及人员及设备安全。使用紧急停车按钮应注意以下几点:

(1)站台侧紧急停车按钮和车站车控室的紧急停车按钮功能是一致的,上行站台侧的两个紧急停车按钮和车控室IBP盘上对应的上行侧紧急停车按钮三个间是串联的关系,按压其中任何一个按钮,其效果是一样的。下行按钮设置同上行。

(2)按压车站上行或者下行任一紧急停车按钮后,车控室IBP盘的蜂鸣器响起,信号工作站界面显示上/下行紧急停车按钮被激活,一旦紧急停车按钮被激活,则只能在车站车控室IBP盘上通过按压相应的上/下行解除紧停按钮释放。

(三)电客车

1.电客车的组成及运行

电客车指配有列车标志,按规定进行编组的,可载乘客运行的车辆,由两组电动车组组成,每组由三节车厢组成。

按照中国国家标准,城市轨道交通(地铁、轻轨)车辆类型可分为A、B、C三种。三种车型的主要区分是车体宽度。A型车宽3米,B型车宽2.8米,C型车宽2.6米。郑州市轨道交通1、2号线电客车均采用B型车,由六节车辆(两个列车单元)编组而成,每列车采用4动2拖的编组形式为:=A-B-C*C-B-A=。"A"车为带有一个司机室的拖车,"B"车为装有受电弓的动车,"C"车为无受电弓的动车,"="为全自动车钩,"-"为半永久牵引杆,"*"为半自动车钩。

电客车运行速度分为设计构造速度和正线最高运行速度。

2.列车编号(车体外)

列车编号由6位数字和字母组成,形式为××(线路号01～99)-××(线路列车号01～99)-×(车辆号1～6)-×(A、B、C车),如:01011A为1号线第1列车第1节车厢。

3.车门定义

(1)客室内侧位定义

电客车以前三节为一单元,后三节为一单元。在每一单元中,以站在客室内面向司机室为基准,左手边为左侧车门,右手边为右侧车门。

(2)车门编号原则

沿每节车辆的左侧车门用奇数编号,即每节车左侧车门分别为1、3、5、7;沿每节车辆的右侧车门用偶数编号,即每节车右侧车门分别为2、4、6、8。

每个车门门扇的定义为:站在A车面向C车,靠近A车司机室侧的一扇车门为A门,远离A车司机室侧的一扇为B门。

客室每个车门的内侧（靠近门处）设有一个紧急解锁手柄，手柄为红色，并加盖保护，供紧急时打开车门使用。

（四）屏蔽门/安全门

1. 屏蔽门/安全门的组成

地下车站安装屏蔽门，高架车站安装安全门。

屏蔽门/安全门由滑动门、固定门、应急门、端门组合而成。1对滑动门和左右两侧各1个固定门组成一个屏蔽门/安全门标准单元。一侧站台的屏蔽门/安全门由24对滑动门，3组6扇应急门，2套端门和若干固定门组成。站台每侧屏蔽门/安全门各门单元的编号形式为：从站台上行/下行方向头端墙开始往尾端墙方向依次编号，分别为上行/下行第1-1单元～第1-4单元；第2-1单元～第2-4单元；第3-1单元～第3-4单元；…；第6-1单元～第6-4单元。

每侧站台设3组6扇应急门，应急门为2扇推拉门组合，位置分别在第1-1单元与第1-2单元之间，第4-1单元与第4-2单元之间，第6-3单元与第6-4单元之间。当列车进站无法对准滑动门时可作为乘客疏散通道，保证列车在站台区域未对准滑动门时至少有1对客室门对准应急门。上行/下行站台头端司机立岗处各设有一个PSL控制盘，控制本侧的屏蔽门。

2. 屏蔽门/安全门基本功能

屏蔽门/安全门具有障碍物的检测及处理功能，并有障碍物故障报警功能。可以从门头指示灯、综合监控工作站及屏蔽门控制工作站了解屏蔽门/安全门运行状态、报警信息。可对发生故障的门机进行隔离旁路，进行隔离维修。

屏蔽门/安全门开关门控制优先级从高到低依次为：手动解锁，屏蔽门/安全门专用钥匙手动操作（就地级）、火灾紧急操作，PSL操作（站台级）、屏蔽门/安全门与信号联锁控制（系统级）。

屏蔽门/安全门与信号系统联锁后，屏蔽门/安全门的状态将作为进路排列所必须检查的联锁条件之一。

3. 屏蔽门/安全门系统的运行模式

在信号系统正常情况下，滑动门与车门自动联动。列车停稳后，会停靠在允许的误差范围内，此时的滑动门与车门一一对应，司机操作打开车门，滑动门随即自动打开。乘客上下列车完毕后，司机操作关闭车门，滑动门随即自动关闭，当屏蔽门/安全门关闭且锁紧时，列车方可动车。

在信号系统非正常情况下，如列车冲标、信号系统故障、单个或多个屏蔽门/安全门故障等，滑动门无法与车门自动联动，需要站务员或司机通过站台相应侧的PSL盘进行屏蔽门/安全门开关门操作。

第二节 行车备品简介

一、员工劳动保护用品

劳动保护用品包括安全帽、绝缘手套、安全带、荧光衣、手电筒、强探照灯及其充电用具等。

（一）安全帽

1. 使用方法

戴安全帽前，应将帽后调整带按自己头型调整到适合的位置，然后将帽内弹性带系牢。不得把安全帽歪戴，也不得把帽檐戴在脑后方。安全帽的下颌带必须扣在颌下，并系牢，松紧要适度，安全帽体使用时不得自行开孔。如图 4-12 所示。

2. 注意事项

安全帽在使用过程中应定期检查，发现龟裂、下凹、裂痕和磨损等异常现象应立即更换，任何受过重击、有裂痕的安全帽，不论有无损坏现象均应报废。严禁使用帽内无缓冲层的安全帽，在现场作业中，不得将安全帽脱下，搁置一旁，或当坐垫使用。新领的安全帽，应检查是否有劳动部门允许生产的证明和产品合格证，是否破损、薄厚不均，缓冲层和调整带和弹性带是否齐全有效，产品的规格和技术性能是否与作业的防护要求吻合。

（二）荧光衣

荧光衣正确穿戴之后，使用荧光衣侧面粘扣将衣服扣上，严禁穿戴荧光衣时不整齐、美观，如图 4-13 所示。

图 4-12 安全帽的佩戴

图 4-13 荧光衣的穿戴

(三)绝缘手套

使用绝缘手套(图4-14)时应注意以下几点。

(1)绝缘手套在使用前要仔细进行外观检查,查看表面有无损伤、磨损或破漏、划痕等,若发现有严重的划痕、切割损伤,或是从袖口开始紧卷和挤压检查有漏气的,应暂停使用并及时报告,使用部门负责调剂以保障生产。

(2)绝缘手套自领用日期开始,使用部门每隔半年应分批进行绝缘性能检验,检验合格的张贴检验合格证,检验不合格的严禁继续使用,使用部门应及时办理报废手续并申领新用品。

(3)绝缘手套是特制的橡胶手套,应无孔隙、杂质,不发黏,不发脆,按规定的周期做交流耐压试验并达到合格要求。绝缘手套必须以"只"为单位进行编号。

(4)绝缘手套须存放于干燥清洁的架柜上,其上不得堆压任何物件,不得与酸、碱、油类和化学物品接触,不受阳光直射和雨淋,存放于车站车控室的行车备品柜内。

(5)使用绝缘手套时,里面最好戴一双棉纱手套,可防止出汗而操作不便。戴手套时,须将外衣袖口放入手套的伸长部分里。

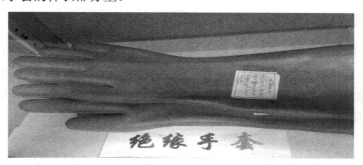

图4-14 绝缘手套

(四)绝缘棒

使用绝缘棒(图4-15)时应注意以下几点。

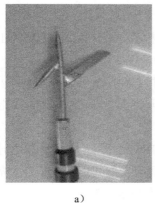
a)

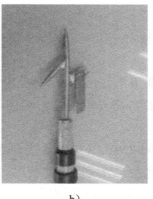
b)

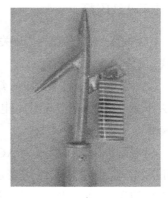
c)

图4-15 绝缘棒

（1）使用绝缘棒时，工作人员必须戴绝缘手套和穿绝缘靴，以确保员工的人身安全。

（2）使用绝缘棒时要注意防止碰撞，以免损坏表面的绝缘层。

（3）绝缘棒必须存放在干燥地方，防止受潮。

（4）绝缘棒应放在专用工具袋内，不得与墙或地面接触，以防碰伤其绝缘表面。

（5）绝缘棒日常保管时，各连接杆需确保松弛状态，不得卡紧保管。

（6）绝缘棒由绝缘杆（三节）、刀头（两把）组成，杆与杆之间为紧固关节。使用时，将杆拉出到尽头，按紧固关节标识的方向用力旋动方可卡紧到位，反向为旋松。刀头有刺钩、刀片两种，根据需要选用。注意刀片锋利，使用时小心伤人。

二、专用工器具用品

专用器具包括钩锁器、手摇把、信号灯、红闪灯、无线电台、调度命令、路票、落轨梯、拾物钳等。

（一）信号灯

使用时，按压灯头中间黑色按钮，照明光亮，再按即灭；按压右边的红色按钮，红色信号光亮，再按即灭；按压左边的绿色或黄色按钮，绿色或黄色信号光亮，再按即灭；照明及两种信号方式间可随意无间隔切换；按压尾盖上的黑色按钮，警示光亮，再按即灭。可以连续使用 12 个小时。使用信号灯显示信号之前，需将信号灯面向自己，观察灯光颜色正确之后，方能向信号接收人员显示，避免显示错误。

充电时，只需将尾盖上的充电插口橡胶保护塞拔出，将充电器的输出插头插入充电孔即可进行充电。充电器内置充电保护装置，当充电器接通电源不充电时，指示灯为红色；接上灯具开始充电时，指示灯为绿色表示正常充电；当电池充满电后，指示灯变成红色。

信号灯如图 4-16 所示。

（二）红闪灯

（1）按压灯头下侧的"开关"按钮，按压第一次为长亮工作模式，按压第二次为频闪工作模式，按压第三次关闭灯具。

（2）当电池即将耗尽时，灯头下的红色指示灯亮，应及时对电池充电。充电时，拔开灯头下侧的旋钮盖，露出充电插口，将充电器输出端插入，再将充电器输入端插入电源插座。

（3）充电器输入电压为 AC100-220V，充电器内置充电保护装置，指示灯显示红色时表示正常充电，指示灯变绿则表示电池已充满。每次使用完毕后应及时进行充电，一次充电可连续使用 12 小时以上，若长期放置不用，每隔六个月应补充充电 5 小时。

红闪灯如图 4-17 所示。

图 4-16 信号灯

图 4-17 红闪灯

(三) 路票

路票是作为电话闭塞法组织行车时的行车凭证之一。填写内容包括：车次、电话记录号、区间、行车专用章、日期、限速值、行车值班员姓名，各站发出首列车须在路票左上方标明。有关行车人员交接时必须核对清楚。如图 4-18 所示。

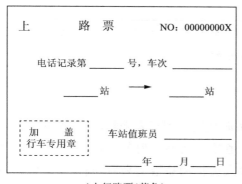
a) 上行路票（蓝色）

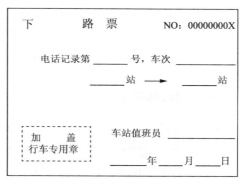
b) 下行路票（黄色）

图 4-18 路票

(四) 调度命令

(1) 行车有关人员必须服从行调指挥，执行行调命令。行车指挥工作中，因对规章条文理解不同、未明确规定等原因产生分歧时，在确保安全的前提下，先按行调命令执行。

(2) 指挥正线列车运行的命令和口头指令，只能由行调发布。行调发布命令前应详细了解现场情况，听取有关人员意见。下列命令可使用列车无线调度电话/调度电话发布，受令人必须复诵命令内容，同时向 2 个及以上受令人发布命令时，应指定其中一人复诵，其他人核对，确保无误。

① 发布书面命令的内容（特殊情况下可先用口头命令，事后补发书面）包括：

线路长期限速时/取消长期限速时（长期限速系指限速时间 24 小时及以上）；

非运营期间封锁线路/解封线路时；

非运营期间从车厂加开工程车/调试车时；

行调认为有必要记录的命令。

②发布口头命令的内容包括：

运营期间临时加开或停开列车（包括客车、工程车及救援列车）；

客车推进运行、退行，工程车退行；

停站客车临时变通过；

发布电话闭塞法组织行车。

调度命令如图 4-19 所示。

调 度 命 令

　　　　　　　　　　　　　　　年　　月　　日　　时　　分

受令处所		命令号码	行调姓名（代号）
命令内容			

车站值班员/厂调/乘务派班员行车专用章：_____

图 4-19　调度命令

（五）落轨梯、拾物钳

落轨梯、拾物钳运营期间需下线路捡拾物品时使用。列车未来时，经行调同意，做好防护后使用拾物钳拾起物品或使用落轨梯下轨道拾回物品。列车来时，禁止下线路，待列车开离车站后，车站再向行调申请拾回。站台人员将物品拾上来后，确认出清线路，向车控室汇报，行车值班员报行调。使用时，放置落轨梯需与地面呈 45°夹角，使用过程中注意安全。具体如图 4-20 所示。

图 4-20　落轨梯、拾物钳

第五章 行车组织

> **岗位应知应会**
>
> 1. 了解正常及非正常情况下的行车组织。
> 2. 熟悉电话闭塞法组织行车。
> 3. 精通手摇道岔操作。
>
> **重难点**
>
> 重点：电话闭塞法组织行车、手摇道岔流程。
> 难点：电话闭塞法组织行车。

第一节 正常情况行车组织

一、列车运行模式

郑州市轨道交通列车运行采用双线单向靠右侧行车，分为上/下行方向。首、末班车须严格按照运营时刻表规定的时间运营，无特殊情况均不得早发、迟发及跳停。

二、行车组织分类

行车组织按闭塞方式分为移动闭塞行车组织和固定闭塞行车组织。

（一）移动闭塞

移动闭塞在 CBTC 模式下没有固定的闭塞区段，列车运行闭塞区间的终端（移动授权）由前一列车在线路上的运行位置、运行状态等因素确定，如图 5-1 所示。

（二）固定闭塞

无线通信移动闭塞功能故障或不能使用时采用固定闭塞。当信号系统只具备点式 ATP 功能时采用进路行车法，当信号系统只具备联锁功能时采用区段行车法，如图 5-2 所示。

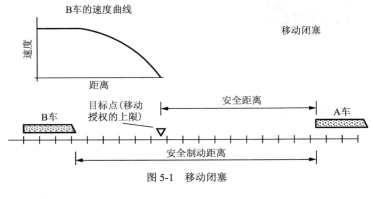

图 5-1 移动闭塞

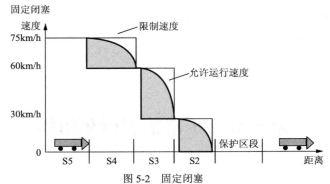

图 5-2 固定闭塞

（三）移动闭塞与固定闭塞的区别

移动闭塞与固定闭塞的区别如表 5-1 所示。

移动闭塞与固定闭塞的区别　　　　　　　　　表 5-1

类别	移动闭塞	固定闭塞	
		进路行车法	区段行车法
使用条件	正常情况下使用	当信号系统只具备点式 ATP 功能时	当信号系统只具备联锁功能时
运行模式	ATO 或 ATP	IATP（IATO）模式,列车按推荐速度运行	NRM 限速 45km/h 运行,信号系统只提供联锁基本功能
进路排列	—	—	行调关闭故障联锁区进路自排功能，并授权故障设备集中站控制；故障设备集中站负责在本地信号工作站上排列本联锁区内列车运行进路，排列进路前须确认闭塞区段空闲
闭塞区段	在 CBTC 模式下，没有固定的闭塞区段	同方向两架相邻信号机间的区域	相邻两站出站信号机之间的区域
行车凭证	车载信号显示	地面信号及车载信号显示	地面信号显示
区段占用	—	一个闭塞区段只允许一列车占用	一个闭塞区段只允许一列车占用
折返方式	信号设备正常，列车自动折返;信号设备不满足，人工驾驶实现列车折返	人工驾驶列车实现折返	车站负责排列折返进路，进路排列好后，司机凭地面信号显示动车进行折返

三、接发列车作业的规定

车站原则上不进行接发列车作业,遇特殊情况须接发列车时,车站、车厂接发列车人员,应严格执行接发列车作业程序。

列车进站时,车站行车值班员及站台工作人员监视列车的运行状态,注意站台乘客动态,发现危及行车安全时立即按压紧急停车按钮或显示紧急停车手信号。

电客车在非折返站停站时分超过 30s 时,车站要向行调报告原因。

第二节　非正常情况行车组织

一、扣车与放行的规定

原则上,行调扣车时,应提前通知相关司机和车站,当需要车站扣车时,及时通知司机,紧急情况按紧急停车按钮。

扣停列车原则上要求"谁扣谁放",在信号工作站故障时,对原在 OCC 信号工作站扣停的列车,经行调授权后由相关车站放行。

二、取消发车进路的规定

行调或车站人员人工介入信号操作时,应正确掌握信号机的开放时机。当需要取消发车进路时,须先通知司机且列车尚未动车时,行调或车站人员方可进行操作。

三、道岔故障

道岔故障时,行调应优先考虑是否有变更进路,如有变更进路按变更进路组织列车运行,如图 5-3 所示。

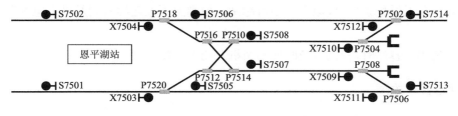

图 5-3　道岔故障

道岔失去表示时,可单操道岔转换两个来回。单操后道岔恢复正常,可正常组织行车;经单操后故障仍存在时,及时通知车站进行人工准备进路组织行车。

站后折返站道岔故障时,如无变更进路或正确表示位无法满足行车,行调应组织车站人员进入轨行区按调车方式组织列车进行折返,车站人员将道岔加锁在正确位置,并到达安全位置后,向司机显示道岔开通信号组织列车折返。

中间站或站前折返道岔故障时,行调组织车站人员将故障道岔加锁至正线位置,到达安全位置后,由行调组织列车运行。

道岔因故需加锁行车时,由道岔所属车站负责加锁。

首列车通过道岔故障区段须限速 25km/h 运行,司机须加强线路检查,如发现异常应及时采取措施并报行调处理,如未发现其他异常,后续列车按驾驶模式要求速度运行。

列车停在故障道岔上时,车站人员确认道岔安全后向行调汇报,司机凭行调命令限速 5km/h 缓慢离开岔区。

运营期间无须转动的道岔故障处理完毕后,原则上待运营结束后将钩锁器拆除。

四、电客车故障

(一)非正常情况下电客车清客的有关规定

(1)原则上由主任调度根据现场情况决定是否清客。

(2)若电客车故障排除可恢复正常运行后,原则上不在清客站重新载客,继续运行至下一站载客。

(3)原则上不准连续两列及以上载客列车在同一车站清客。

(4)电客车需清客时,行调应及时通知司机及相关车站,司机应及时广播通知乘客,车站确认清客完毕后及时报行调。

(5)当遇列车救援、小交路运行、单线双方向运行等特殊情况时,需组织相关列车清客。

(二)电客车越站的有关规定

(1)行车工作中,因车辆、设备故障,事故及客流突变等原因造成运营晚点或特殊原因需要时,准许电客车越站。

(2)末班车无返程条件时,原则上不得越站。原则上不准连续两列及以上电客车在同一车站越站。

(3)电客车需越站时,行调应及时通知司机及相关车站。

(三)电客车故障

(1)故障列车需要清客时,行调发出指令要求司机和相关车站执行清客工作。

（2）电客车在隧道内停车超过 2min 时，行调应口头通知环调，由环调组织隧道送风。

（四）车门、屏蔽门/安全门故障

（1）电客车车门发生故障时，由司机负责现场处理。
（2）屏蔽门/安全门故障的状态确认和应急处理，原则上由车站负责。
（3）屏蔽门/安全门的滑动门故障修复后，须利用下一列车进行一次相应侧的屏蔽门/安全门开关门试验。

（五）列车对标不准

（1）非末班车的运营电客车在非终点站进站越出停车标 5m 时，司机报告行调并经其同意后继续运行至前方站停车，行调应及时通知本站及前方站做好客运服务工作。
（2）运营电客车进入终点站越出停车标 5m 时，司机报告行调，行调须在后方车站扣停（紧急情况下须在区间扣停）后续列车后通知司机切除 ATP 以 NRM 退行对标。

第三节　电话闭塞法

一、电话闭塞法定义

电话闭塞法是指车厂与车站间或相邻车站间通过电话联系，确认闭塞区段空闲、道岔位置正确且锁闭，司机凭路票行车，一个闭塞区段只允许一列车占用的行车闭塞方法。

二、电话闭塞法启动条件

（1）一个或多个联锁区发生联锁故障时。
（2）中央及车站工作站上一个或多个联锁区均无法对线路运行车辆进行监控时。
（3）正线与车厂信号接口故障时。
（4）行调认为有必要时。

三、电话闭塞法组织行车的原则

（一）行车指挥权的划分

行调发布电话闭塞法组织行车的命令前，行车指挥权在行调，任何人员进入轨行区均须得到行调同意。行调发布电话闭塞法组织行车的命令后,采用电话闭塞法行车的区段内,行车指挥权在车站,除进路准备人员外,其他人员进入轨行区须得到行调同意。

(二)闭塞车站

闭塞车站指采用电话闭塞法组织行车的车站。正线全线信号联锁故障时所有车站均为闭塞车站,局部信号联锁故障时故障区域所有受影响的车站为闭塞车站(即故障区域所有车站及故障区域两端相邻车站为闭塞车站)。

(三)闭塞区段

闭塞区段为一站两区间。

(四)区段占用

每一个闭塞区段内只允许一趟列车占用。

(五)行车凭证

行车凭证为路票及车站发车信号或厂调指令。

(六)驾驶模式和限速

闭塞区段内各站发出的首列车采用 NRM 模式限速 25km/h 运行,后续列车采用 NRM 模式限速 45km/h 运行。

(七)折返方式

执行电话闭塞法组织行车的区段内,列车若在本站内折返时,按调车方式限速 15km/h 运行。司机与车站人员共同确认线路安全及道岔位置正确后,凭车站人员道岔开通信号进行折返作业。

四、路票

路票上行为蓝色、下行为黄色,并使用"上"/"下"在左上角标注。填写内容包括:车次、电话记录号、区间、行车专用章、日期、限速值、行车值班员姓名,各站发出首列车须在路票左上方标明。填写方式如图 5-4 所示。

五、电话记录号码

电话记录号码自每日 0 时起至 24 时止,按日循环编号。电话记录号码编号办法为车站

（车厂）编号加序列号，共四位表示，前两位为车站（车厂）编号，后两位为序列号。序列号为 01—99 循环使用，上行方向编号为偶数，自 02 开始依次编号；下行方向编号为奇数，自 01 开始依次编号。

a）上行路票

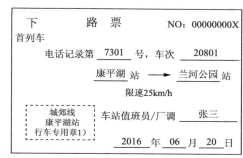
b）下行路票

图 5-4　路票填写方法

六、电话闭塞法作业

（一）人工准备进路

（1）接到值班站长做好人工排列进路的准备的通知后，立即带齐手摇道岔备品到相应端墙门处待令。

（2）听从值班站长指示，跟随值班站长下线路，按照"手摇道岔六步曲"，根据"以列车为参照物，由远及近"的原则人工排列进路，折返进路上需要不断摇动的道岔只挂不锁。

（3）若为折返站，调车进路准备完毕后，到达安全位置向司机显示"道岔开通信号"。

（二）接车作业程序

（1）接到行车值班员通知后，确认本站站台区域及区间可视区域内是否空闲，并及时将情况汇报行车值班员。

（2）接到行车值班员准备接车的通知后，按照"接车三部曲"接车。列车停稳后，立即收回司机路票并打"X"作废，及时交于车控室。

（三）发车作业程序

（1）接到行车值班员通知后，确认本站站台区域及区间可视区域内是否空闲，并及时将情况汇报行车值班员。

（2）接到行车值班员领取路票的通知后，立刻赶往车控室，与行车值班员"手指口呼"共同确认路票（图 5-5 所示）无误，携带新路票至站台。

（3）到达相应头端，与司机确认车次无误后，与司机"手指口呼"共同确认路票。

（4）核对无误后，将路票交于司机，待屏蔽门关闭、确认站台安全后显示"发车"信号。

（5）待列车出清后，立即汇报车控室。

（6）交接路票人员与显示发车手信号人员必须为同一人。交接路票时携带硬纸板和黑色圆珠笔。

图 5-5 交接路票

（四）取消闭塞的规定

（1）接到取消电话闭塞的通知时，在路票已交司机但未动车的情况下，立即中止发车手信号同时通知司机勿动车，及时收回路票并打"X"。

（2）若已向司机交付路票，列车已动车，司机凭路票继续运行至前方站，并在前方站交回路票后恢复正常行车。

第四节 手摇道岔

一、手摇道岔备品准备

手摇道岔时，需携带以下备品：安全帽、荧光衣、棉纱手套、红闪灯、信号灯/信号旗、手电筒、400M（对讲机）、800M、手摇把、扳手、钩锁器、钩锁器锁头及钥匙、断电钥匙、线路图。如图 5-6 所示。

二、道岔位置辨认

面向尖轨，尖轨与基本轨分离，基本轨延伸方向为列车经过方向。正线道岔经常开通的位置为"定位"，反之为"反位"。

图 5-6　手摇道岔备品

三、手摇道岔六步曲

（一）手摇道岔工作必须严格执行"手摇道岔六步曲"

一看：查看道岔开通位置是否正确、道岔尖轨与基本轨间是否有异物、道岔是否加锁。

二开：打开盖孔板，切断转辙机电源，打开钩锁器的锁，拆下钩锁器。

三摇：将手摇把插入手摇把孔，将道岔摇向所需的位置，在听到"咔嚓"的落槽声后停止。

四确认：两人共同确认尖轨密贴，职务较低者手指尖轨，口述"WX道岔开通定（或反）位，尖轨密贴"，值班站长复诵确认。

五加锁：用钩锁器锁定道岔尖轨，并加锁。

六汇报：防护撤除，线路出清、人员到达安全位置后，汇报车控室，标准用语："WX[1]道岔开通定/反位，尖轨密贴已加锁，防护已撤除，线路出清"。

---

[1] WX 表示道岔编号，具体名称根据现场情况而定。

(二) 手摇道岔联控用语

手摇道岔联控用语如表 5-2 所示。

手摇道岔联控用语表　　　表 5-2

时机	人员 1 (值班站长)	人员 2	车控室
一看	车控室，WX 道岔开通定 / 反位，需摇至反 / 定位 (位置正确，尖轨密贴，可以加锁)	WX 道岔开通定 / 反位，需要摇到反 / 定位 (位置正确，尖轨密贴，可以加锁)	WX 道岔开通定 / 反位需要摇到反 / 定位 (位置正确，尖轨密贴，可以加锁)
二开	A/B 机已断电	B/A 机已断电	
三摇(听到落槽声时)	A/B 机听到落槽声	A/B 机听到落槽声	
四确认	WX 道岔开通定 / 反位，尖轨密贴，可以加锁	WX 道岔开通定 / 反位，尖轨密贴，可以加锁	
五加锁			
六汇报	车控室，WX 道岔开通定 / 反位，尖轨密贴并已加锁，防护已撤除，线路出清。	WX 道岔开通定 / 反位，尖轨密贴并已加锁	WX 道岔开通定 / 反位，并已加锁，防护已撤除，线路出清，车控室明白

第五节　信 号 显 示

一、正线地面信号显示

(1) 绿色灯光:允许信号,表示道岔已锁闭,进路中所有道岔开通直股,列车可以越过此信号机运行到下一个顺向信号机。

(2) 黄色灯光:允许信号,表示道岔已锁闭,进路中至少有一组道岔开通侧股,列车可以不超过道岔侧向限速的速度越过此信号机运行到下一个顺向信号机。

(3) 红色灯光:禁止信号,不允许列车越过信号机。

(4) 红色灯光 + 黄色灯光:引导信号,准许列车以不大于规定的速度(25km/h)越过该架信号机并随时准备停车。

(5) 灭灯:不允许非 CBTC 列车越过信号机。

二、手信号(在地下车站显示手信号时按夜间方式显示)

(一) 手信号的显示

手信号的显示如表 5-3 所示。

手信号的显示 表 5-3

序号	手信号的类别	显示方式	
		昼 间	夜 间
1	停车信号：要求列车停车	展开红色信号旗，无红色信号旗时，两臂高举头上，向两侧急剧摇动	红色灯光，无红色灯光时，用白色灯光上、下急剧摇动
2	紧急停车信号：要求司机紧急停车	展开红色信号旗下压数次，无红色信号旗时，两臂高举头上，向两侧急剧摇动	红色灯光下压数次，无红色灯光时，用白色灯光上下急剧摇动
3	减速信号：要求列车降低速度运行	展开黄色信号旗，无黄色信号旗时，用绿色信号旗下压数次	黄色信号灯光，无黄色灯光时，用绿色灯光或白色灯光下压数次
4	发车信号：要求司机发车	展开绿色信号旗上弧线向列车方向作圆形转动	绿色灯光上弧线向列车方向作圆形转动
5	通过手信号：准许列车由车站通过	展开绿色信号旗	绿色灯光
6	引导信号：准许列车进入车站或车厂	展开黄色信号旗高举头上左右摇动	黄色灯光高举头上左右摇动
7	"好了"信号	拢起信号旗上弧线向列车方向作圆形转动	白色灯光上弧线向列车方向作圆形转动

（二）特殊情况下接发列车时手信号的显示

特殊情况下手信号的显示如表 5-4 所示。

手信号的显示 表 5-4

信号类别	显示时机	收回时机	显示地点	显示方式	徒手显示
紧急停车信号	发现危及行车安全时立即显示	列车停车后	就近显示	红色灯光下压数次，无红色灯光时，用白色灯光上下急剧摇动	两臂高举头上，向两侧急剧摇动。
发车信号	具备发车条件后	司机鸣笛或者口头回示	列车运行方向站台头端	绿色灯光上弧线向列车方向作圆形转动	
引导信号	看见列车头部灯开始	列车头部越过信号显示地点后	站台头端墙，屏蔽门与线路间站台上	黄色灯光高举头上左右摇动	
"好了"信号		司机鸣笛或口头回示后	在处理故障处	白色灯光上弧线向列车方向作圆形转动	臂握拳面向运行方向，上弧圈做圆形转动
道岔开通信号	进路排好时	列车头部越过信号显示地点后	在列车前方便于司机瞭望的适当安全避让位置	绿色灯光（无绿色灯光时为白色灯光）高举头上左右小动,待司机鸣笛或口头回示后收回胸前小动	
停车信号	看见列车头部灯开始	列车停车	站台头端墙，屏蔽门与线路间站台上	红色灯光	

第三篇 票 务 篇

第六章　票务设备简介及票务基本定义

> **岗位应知应会**
>
> 1. 了解车站 AFC 设备。
> 2. 熟悉票务相关定义。
> 3. 精通车站票务基本政策。
>
> **重难点**
>
> 重点：票务基础知识。
> 难点：票务设备的种类。

第一节　AFC 设备简介

一、定义

AFC（Automatic Fare Collection）系统是在城市轨道交通运营过程中由计算机集中控制的能够完成对乘客进出站自动售票、自动检票以及自动收费和统计的自动化系统。

二、设备

车站 AFC 设备包括自动售票机、半自动售票机、二维码兑票机、闸机、自动查询机以及车站工作站等。各票务设备的定义见表 6-1。

票务设备的定义　　　　　　　表 6-1

名　称	英 文 全 称	中 文 全 称
SC	Station Computer	车站计算机
BOM	Booking Machine	半自动售票机
TCM	Ticket Checking Machine	车票查询机
PCA	Portable Checking Analysis	手持式验票机
TVM	Ticket Vending Machine	自动售票机
AGM	Automatic Gate Machine	闸机，包含进闸机、出闸机和双向闸机

三、SC

（一）概述

车站计算机（SC）可以监视和控制车站 AFC 设备运行状态，收集、统计 AFC 各类运营数据及人工售卖数据，并上传到 LC（线路中心计算机系统）。根据需要启用非正常运营模式。

（二）SC 界面

SC 界面如图 6-1 所示。

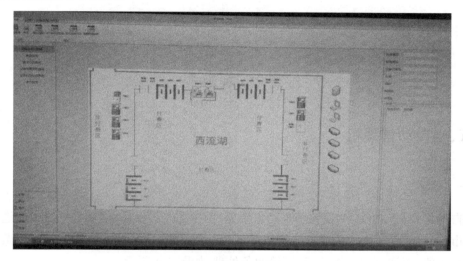

图 6-1　车站 SC 界面

四、自动售票机

（一）概述

自动售票机（TVM）（图 6-2），是乘客自行操作的自动售票设备，分为独立式和嵌入式两种，可以完成单程票的发售、储值票的查询和充值等功能。乘客通过选择目的地站点或票价金额，同时投入相应的钱币，设备自动将已初始化的票卡进行编码发售并自动对乘客进行找零。

（二）TVM 整机结构及外观

自动售票机主要由主控单元、单程票发售模块、读卡器、乘客显示器、纸币识别处理模块、纸币找零模块、硬币处理模块、运行状态显示器、维修面板、电源模块以及机械外壳等模块和组件构成。TVM 外观如图 6-3 所示。

a)独立式自动售票机

b)嵌入式自动售票机

图 6-2　自动售票机

五、半自动售票机

（一）概述

半自动售票机（BOM）设置于车站售票处，由票务人员操作，能够处理城市轨道交通车票和城市"一卡通"车票相关业务。操作员可通过操作半自动售票机（BOM）对车票进行发售、更新、充值、查询、退款、激活、延期等业务处理，如图 6-4 所示。

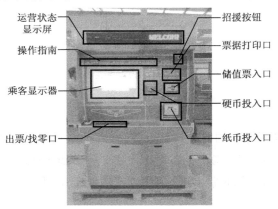

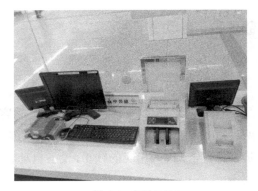

图 6-3　TVM 外观　　　　　　　图 6-4　车站 BOM

（二）BOM 相关组成部件

BOM 相关组成部件如图 6-5 所示。

图 6-5　BOM 其他部件

（三）BOM 的主要功能

BOM 的主要功能有售票、充值、更新、补票、退款、故障退款。

六、自动检票机

（一）概述

自动检票机（AGM）布置于付费区与非付费区的交界处，根据功能、放置的位置不同分为进站自动检票机、出站自动检票机、双向自动检票机、无障碍/行李箱宽通道和专用通道 5 种类型。能够对乘客持有的城市"一卡通"及城市轨道交通专用非接触 IC 卡车票进行检查、编码。其主要功能为进出站检票、乘客通行控制、票务管理和运营管理，如图 6-6 所示。

图 6-6　车站 AGM

（二）AGM 外观

AGM 外观如图 6-7 所示。

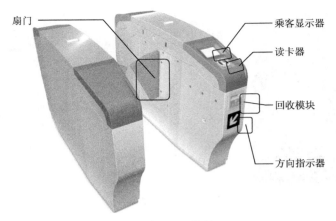

图 6-7　AGM 外观

七、储票箱与废票箱

(一)概述

在储票箱与废票箱上装有机械锁,配有专用钥匙,按照正确操作从单程票发售模块中将其取下时,票箱上盖处于封闭状态,以防止单程票流失。储票箱与废票箱内壁为不锈钢表面,有较好的平面光洁度,不会因有飞边或者毛刺对票卡造成刮伤。箱体上带有把手,操作人员可以很方便地进行装卸、搬运等。

(二)储票箱

储票箱外观及外形尺寸如图 6-8 所示。

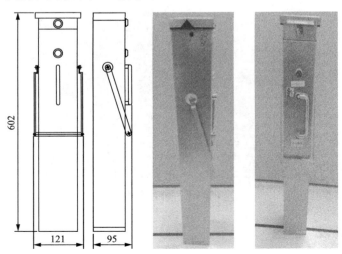

图 6-8　票箱外观(尺寸单位:mm)

(三)废票箱

废票箱外观如图6-9所示。

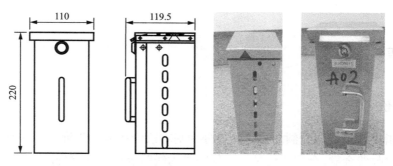

图6-9 废票箱(尺寸单位:mm)

八、车票查询机

(一)概述

车票查询机(TCM)配备有可读取乘客所持车票信息的读写器以及用于接受乘客输入操作和显示查询结果等信息的触摸显示器。它设置于车站站厅的非付费区。乘客可以通过车票查询机查询相应车票的余额、历史交易记录等信息。

(二)TCM外观

TCM外观如图6-10所示。

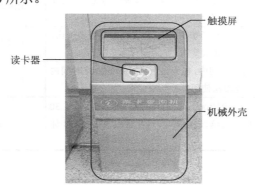

图6-10 车站TCM

(三)TCM功能

TCM能够实现信息查询服务功能,主要包括车票信息查询、票价信息查询、线路信息查询、乘客服务信息查询等。

第二节　票务基础知识

基本票务政策

（一）票价

票价是指出售车票的面额。票价一般分为基本票价和全程票价。基本票价是指乘用交通工具的起始收费金额，全程票价是指乘行距离为线路全长的总票价。

（二）车票分类

各类车票（城市轨道交通运营公司发行）的适用范围详见表 6-2。

各类车票适用范围　　　　　　　　　　表 6-2

票　种	使 用 方 式	使用注意事项
普通单程票	持 AFC 设备可接收的纸币或硬币直接在自动售票机上购买	单人、单次、当天使用，遗失不补
预赋值单程票	出现大客流或特殊情况时，在城市轨道交通车站临时购买	单人、单次、当天使用，遗失不补
爱心票	持有效证件可在城市轨道交通车站内免费办理	单人、单次、当天使用，免费乘车，不挂失
学生票	持有效证件可在城市轨道交通车站内购买并享受相关折扣优惠	单人、单次、当天使用，遗失不补
计次纪念票	可在城市轨道交通车站内购买，具有纪念意义；可在任意站刷卡进出，在有效期内单人计次使用	不可充值、充次，遗失不补，不挂失
计次票	可在城市轨道交通车站内购买，在任意站刷卡进出，在有效期内单人计次使用	不可充值、充次，遗失不补，不挂失
日期票	在规定的有效期内，在设备上激活后的规定时间内可单人定期无限次使用	不可充值、充次，遗失不补，不挂失
团体票	在车站大客流情况下，如有通行乘客团体（超过 30 人（含）及以上人员）进站乘车，可在客服中心办理团体票手续	当天使用，遗失不补、不退

（三）车票有效期

单程票在售出站当日乘车有效（当日指售出运营日），纪念票有效期见票面规定。

（四）定义

1. 名词定义

预赋值单程票：经过编码分拣机或 BOM 预先赋值的单程票。

无效票:经 BOM 检验无法更新且系统无法读取数据或票面损坏的车票。

过期票:超出规定使用有效期的票卡。

非即时车票:城市轨道交通对外发行的非单程票类票卡,在使用有效期内有余额但无法正常使用(须票面完整无损),乘客持票至车站客服中心办理。

非标准币:非标准币包括游戏机币、假币、残币、外币、拼接币、退出流通使用的币种。

不符合 TVM 认读规则的币种:目前郑州市轨道交通 TVM 只接收 1 元硬币、5 元纸币和 10 元纸币,接收的其他钱款均为不符合 TVM 认读规则的币种(如 1 元纸币、5 角硬币等)。

车站站务人员:包括车站站务员、值班员、值班站长。

车站工作人员:包括车站站务人员车站维修人员和车站委外人员(安全员、保洁、施工单位、地铁公安)等。

当班票务相关岗位人员:包括当班的客服中心岗、客运值班员、值班站长。

票务管理人员:包括站务中心、调度票务部票务相关人员及票务稽查人员等。

2. 票务钥匙

票务钥匙种类:TVM 门钥匙、票箱钥匙、纸币/硬币补币箱钥匙、纸币回收箱钥匙、硬币回收箱钥匙、纸币回收箱门(纸币找零箱门)钥匙、AGM 门钥匙、客服中心门钥匙、BOM 抽屉钥匙、钥匙柜钥匙、票柜钥匙、车站票务室门钥匙、保险柜钥匙、银行解行箱钥匙、单程票人工回收箱钥匙、互联网兑票机钥匙、手提金柜钥匙、纸币回收箱(纸币找零箱)外门钥匙。

第七章　票务基本工作

> **岗位应知应会**
>
> 1. 精通票务工作基本流程。
> 2. 精通票务报表基本内容。
>
> **重难点**
>
> 重点：配票结算流程。
> 难点：票务报表填写要求。

第一节　配 票 结 算

一、配票结算注意事项

（1）车站站务人员禁止携带任何私人钱票（员工票除外）进入票务相关场所。配票过程均要在监控下进行，不能遮挡监控，如在配票过程中有人员或物品遮挡监控应立即调整至合适位置，清点钱票的数量务必显示在摄像头下。客服中心岗需在监控下将手提金柜中配备的所有备用金、票卡进行清点并与《客服中心岗结算单》进行核对。部分城市的轨道交通公司要求配完票后要进行护送，如郑州市轨道交通要求配完票后由站务人员护送客服中心岗至客服中心，结算时由站务人员在客服中心内护送客服中心岗至票务室，护送途中两人必须在一起，禁止单人行动。深圳等市轨道交通不要求护送。是否需要护送、具体由什么人员护送，视各市轨道交通公司自行规定，无统一标准。

（2）如备用金、车票不足需增配，可通知客运值班员进行增配，增配备用金、车票等情况在《客运值班员交接班本》上确认。

（3）售票前必须使用自己的用户名、密码登录BOM。售票时必须遵守"一收、二唱、三操作、四找零"的操作原则。

（4）客服中心岗在当班期间需要进行预收款时，及时报告客运值班员，由客运值班员携带空置的手提金柜到达客服中心进行预收，双方确认无误由客运值班员在《客服中心岗结算单》预收款栏进行相应金额的填写并签章确认。

（5）客运值班员与客服中心岗结算时，首先需由客服中心岗将手提金柜中的现金、车票、打印的小单全部清空，放置于结算桌面，逐一清点顺序为：纸币、硬币、车票。

二、配票结算流程

1. 准备

客运值班员在监控范围内，提前将钱票配好（清点纸币、硬币并确认数量无误），填写《客服中心岗结算单》客运值班员填写栏和《客运值班员交接班本》。

2. 配票核对

客服中心岗根据《客服中心岗结算单》在监控范围内核对钱票数量，客运值班员现场监督确认，确认无误后收好钱票并锁闭手提金柜。

3. 系统领用

客服中心岗确认无误后，由客运值班员根据《客运值班员交接班本》将数据录入 SC 系统，客服中心岗根据《客服中心岗结算单》进行数据核对，确认报表与 SC 一致后输入自己工号密码。

4. 上岗服务

由值班员及以上人员陪同客服中心岗至客服中心，值班员进客服中心确认无其他遗留钱票、BOM 系统退出后，客服中心岗进入客服中心并使用自己工号登录 BOM（手指口呼）。

5. 业务结束

客服中心岗先摆放暂停服务牌，值班员及以上人员监督客服中心岗收齐钱、票后，由值班员及以上人员确认 BOM 退出（手指口呼）、确认无遗留钱、票，锁好客服中心门锁并陪同客服中心岗至票务室。

6. 票款清点

双人在监控范围内，共同确认手提金柜内无遗留现金及车票，客运值班员清点后填写《客运值班员交接班本》，乘客退票、旧卡回收等上交车票需经客运值班员与客服中心岗共同点数及检测状态确认后加封上交；客服中心岗再次清点后填写《客服中心岗结算单》结存数量及实点金额，客运值班员填写实收金额，填写后双人共同确认报表填写无误，两遍清点确认无误后，客运值班员将钱票放回保险柜、票柜（备用金和营收应分开放）。

7. 系统归还

客运值班员根据《客运值班员交接班本》进行数据录入，客服中心岗根据《客服中心岗结算单》进行数据确认，无误后输入自己工号密码。

第二节 票务报表

一、票务报表的管理规定

随着 AFC 系统功能的优化,将逐渐取消纸质票务报表,收益数据完全在 AFC 系统中反映。但未经 BOM 处理的乘客事务、票务应急处理、非即时车票退款申请等情况仍需填写纸质报表。

二、票务报表的填写基本原则

票务报表填写必须真实、准确、完整、及时。票务报表填写应细致严谨,填制人员必须签章(除《特殊乘客事务审批表》需签字外)确认。

(1)真实:票务报表填写必须如实反映票务情况,不得捏造事实,弄虚作假。
(2)准确:票务报表填写需确保数据正确,涉及收益数据的地方如果有更改,双人签章确认。
(3)完整:必须按票务报表所列事项填写,不得遗漏。
(4)及时:票务报表必须在规定期限内填制完毕,并按规定时间上交,不得故意拖延。

三、票务报表的填写要求

(1)属于多联的纸质票务报表一定要写透,避免上面清楚下面模糊。
(2)票务报表的各项指标必须按要求填写,不产生数据的空格用"/"符号表示。
(3)填写金额栏,无小数位时,应用"00"或"—"表示。
(4)票务报表填写发生错误时,不得刮擦、挖补、涂抹或用化学药水更改字迹,更改数字必须用"划线更正法"。应用"划线更正法"更正时,在报表中错误文字或数字上划一红线,以示注销,要求划去整个错误数字,然后在该处盖上更改人员签章以示负责。若更改过多(超过 5 处)导致报表不清时,应另填写一份,该报表作废。重新填的报表需在空白处注明报表更改人并签名或加盖私章确认。
(5)票务报表作废时,应当加盖"作废"戳记,不得撕毁,车站自行与同类报表按月装订整理。

四、车站已使用票务报表的保管

车站已使用的票务报表需按月分类整理,并安全保管。车站所有留底票务报表的保管年限为 1 年。票务报表保管期满后,站务中心根据票务报表销毁流程统一销毁,严禁车站私自对票务报表进行销毁。

第八章　票务违章及票务事故

> **岗位应知应会**
>
> 1. 精通票务违章和票务事故的定义和分类。
> 2. 熟知票务违章和票务事故的处理规定。
>
> **重难点**
>
> 票务违章以及票务事故的分类。

第一节　术语和定义

1. 票务违章

根据城市轨道交通公司和运营分公司所有票务相关规定及规章制度，在票务工作中，违反票务规章制度、设备操作规范、标准化作业流程但尚未构成票务事故的行为与操作均属于票务违章。

2. 票务事故

城市轨道交通票务工作中，因违反票务政策、规章制度或由于设备技术状态不良及其他原因，给票务工作造成较大影响或损失，造成运营分公司票务收益损失或严重危及运营分公司票务收益安全的，均认定为票务事故。

3. 有价凭证

郑州市轨道交通卡片式 IC 卡车票，涉及单程票、绿城通、计次票、纪念票、通勤卡、员工票、车站工作票等。根据市场及乘客需要，发行的当日票、优惠票及其他预留票种，以及所有能赋予持有者合法享受轨道交通服务或有纪念价值的代券或凭证（包括乘车发票）。

4. 票务设备

票务相关设备，泛指所有 AFC 设备及其他供乘客进入城市轨道交通车站使用，并由运营分公司进行收益核算的售、检票设备。

5. 票务收益安全风险

可能造成运营分公司票务收益损失或危及票务收益安全，影响票务工作质量的内在根源或状态。

第二节 票务违章

一、票务违章的分类

根据票务违章所导致的直接或间接损失大小,或对票务收益安全的危害程度,或当事人的行为动机,由低到高分为一至四级。具体分级情况见表 8-1。

票务违章的分类　　　　表 8-1

分类	序号	一级票务违章	二级票务违章	三级票务违章	四级票务违章
报表填写和管理	1	票务相关人员未按规定审核报表,导致收益错误的	票务人员未按规定填写报表,导致解行金额错误	票务相关人员审核报表时发现错误,但未及时跟踪、更改	票务人员擅自销毁含有数据的票务报表、账册或其他记账的原始凭证
车票管理和使用	2	未按规定配送及上交票卡,造成收益影响的		未按规定保存及摆放票卡,在非规定场所的其他地点私自存放票卡	工作人员未按照规定正确操作 TVM/AGM 及 SC 系统,导致票卡账实不符(非人为原因除外)
备用金票款管理	3	备用金、票款未按要求加封,且保管不符合安全管理规定	现金(硬币)拆封后,未按要求清点数量,导致数量有误	票务人员未在指定的地点存放、清点现金和票款	票务人员离开工作岗位,未将保险柜或装有现金的箱子安全上锁,尚未造成经济损失
票务钥匙管理	4	未按规定分类、分人保管票务钥匙	主观原因导致未在规定时间内盘点票务钥匙	加封的票务钥匙,盘点表与实际加封数量不一致	未按规定借出、归还票务钥匙,且没有登记记录,并造成钥匙丢失
设备管理和操作	5	违规操作 AFC 设备,未造成收益流失、设备损坏及影响乘客服务	违规操作 AFC 设备,造成设备故障,但未造成经济损失	违规操作 AFC 设备,造成设备故障或处理时间不及时,影响车站正常客流组织	工作人员离开工作岗位时或交接班时,没有按规定在设备上注销或者是误用他人账号操作票务设备
收益分析管理	6	收益分析员错审漏审,导致收益流失的或造成不良影响的	收益分析员调账错误,导致收益流失的或造成不良影响的	收益分析员台账填写错误,漏填、错填、填写不及时或造成不良影响的	收益分析员汇总数据错误,导致收益流失的或造成不良影响的
		收益分析员票卡售卖张数统计错误,导致对账错误			
票卡管理	7	配票出错,但由车站发现后及时更正	票卡编码员错误编写车票信息,未及时改正	未按要求办理车票出入库手续	配送车票信息出错(绿城通除外)
其他	8	经分公司稽查小组认定的其他违章行为			
	9	其他票务相关制度里涉及违章的未尽事宜			

二、票务违章的报告

（1）主动报告。各票务相关部门每月需对部门内部违章情况进行自查、记录,并将票务违章自查结果报至计划经营部。

（2）举报。各票务相关部门在内部自查、互查过程中发现涉及票务违章的问题,未及时上报,并被其他部门或人员举报的,视情况对责任部门进行考核。

三、票务违章的处理

各票务相关部门在内部自查、互查过程中发现涉及票务违章的问题,并及时上报的,对当事人进行教育、培训或考核,对责任部门不作考核。

三级以上的票务违章,由计划经营部根据提报调查经过下发整改通知单,责任部门（中心）自发起日三日内整改,每次扣除责任部门季度目标考核分数 0.1 分。

第三节 票务事故

一、票务事故的分级

根据票务事故所导致的直接或间接损失大小,或对票务收益安全的危害程度,或当事人的行为动机,由低到高分为一至四级。具体分级情况见表 8-2。

票务事故表　　　　　　　　　表 8-2

序号	一级票务事故	二级票务事故	三级票务事故	四级票务事故
1	因违规操作设备造成票务收益流失或损失,合计价值 100 元以上 500 元（含）以下	因违规操作设备造成票务收益流失或损失,合计价值 500 元以上 1000 元（含）以下	因违规操作设备造成票务收益流失或损失,合计价值 1000 元以上 2000 元（含）以下	因违规操作设备造成票务收益流失或损失,价值 2000 元以上
2	未按规定保管车票,人为原因导致空白车票或有值车票丢失,合计价值 100 元以上 500 元（含）以下	未按规定保管车票,人为原因导致空白车票或有值车票丢失,合计价值 500 元以上 1000 元（含）以下	未按规定保管车票,人为原因导致空白车票或有值车票丢失,合计价值 1000 元以上 2000 元（含）以下	未按规定保管车票,人为原因导致空白车票或有值车票丢失,合计价值 2000 元以上
3	个人失误导致车票赋值、装箱、配发、注销及销毁出错,涉及比例在 5% 以上,损失金额在 100 元以上 500 元（含）以下	个人失误导致车票赋值、装箱、配发、注销及销毁出错,涉及比例在 5% 以上,10% 以下,损失金额在 500 元以上 1000 元（含）以下	个人失误导致车票赋值、装箱、配发、注销及销毁出错,涉及比例在 10% 以上,15% 以下,损失金额在 1000 元以上 2000 元（含）以下	个人失误导致车票赋值、装箱、配发、注销及销毁出错,涉及比例在 15% 以上,损失金额在 2000 元以上

续上表

序号	一级票务事故	二级票务事故	三级票务事故	四级票务事故
4			票务工作中违反相关规定,人为原因导致系统数据或监控录像等重要取证资料缺失或不全,影响票务事故嫌疑的调查取证	违规将现金或车票等有价证券转移出安全区域,并且有意规避监控的行为,造成公司收益损失
5				伪造账目、报表或用其他虚假行为填平账目,导致公司票务收益流失或侵占公司票务收益的
6				违规利用AFC设备赋值、加值、替换、发售车票,造成公司收益损失
7	丢失票务钥匙2～5把,有相关记录并及时上报	丢失票务钥匙6～10把,有相关记录并及时上报	丢失票务钥匙11～15把,有相关记录并及时上报	(1)丢失票务钥匙15把以上,有相关记录并及时上报; (2)针对票务钥匙的丢失,无相关记录或未及时上报
8	其他涉及票务事故的未尽事宜			

二、票务事故的报告

(1)主动报告。责任部门发现部门内部票务事故,主动将情况上报至计划经营部,由计划经营部组织人员进行调查,根据结果请示领导后,可视情况减轻或免除责任部门的部分责任。

(2)举报。个人或者部门(中心)发现任何票务事故嫌疑,均有义务和权利向计划经营部票务稽查人员举报,可采取电话举报、书面举报、当面举报等方式进行,一经查实,将按照相关规定对被举报部门进行处罚。

三、票务事故的调查

(1)计划经营部将得到的票务事故的情况及信息及时进行登记,组织工作人员收集有关资料,对事故进行分析,并在三个工作日内决定是否调查。

(2)计划经营部应成立两名或两名以上人员组成的调查组,对票务事故进行全面、客观、公正的调查,收集有关证据。

(3)调查取证过程中,涉及的部门应主动协助调查,提供相关的证据、技术支持或人员,无正当理由不得拒绝或延误正常的调查工作。被调查的当事人和被询问的有关人员应认真配合调查,必要时调查组通知所属部门负责人调整其工作安排,进行待岗调查。

（4）被调查部门或个人要客观、真实、全面地反映事实,对隐瞒、捏造、诬陷或提供虚假证言、物证的应追究其责任。

（5）调查结束后,调查组应当对调查结果和有关证据材料进行分析,做出初步定性,并写出事故调查报告,调查报告内容包括案由、案情、事故事实、处理意见、防范措施等。

（6）在事故分析过程中如有事实不清证据不足的情况,调查组应补充调查。

（7）企业发展部提出处理建议。

四、票务事故的处理

一级票务事故:事发部门自查、部门之间互查发现一级票务事故,由计划经营部调查属实后,直接向责任部门发出《票务事故通知书》,给予当事人部门级通报批评,并由其承担全部或部分经济损失,每次扣除责任部门目标考核 0.1 分。

二级票务事故:事发部门自查发现票务事故或者是部门之间互查发现票务事故,应立即封存与事件有关的车票、报表、数据等有关资料,如涉及设备损坏的应保护好现场,并在两个工作日内报告计划经营部。给予当事人通报批评或警告处分,在分公司范围内通报,扣发当月绩效工资 50%,并由其承担全部或部分经济损失,每次扣除责任部门目标考核 0.5 分。

三级票务事故:视情节轻重给予当事人记过、记大过处分,在分公司范围内通报,扣发当事人事发当月全部绩效工资,并由其承担全部或部分经济损失,每次扣除责任部门目标考核 1 分。

四级票务事故:给予当事人解除劳动合同处理,在分公司范围内通报。根据实际损失情况由其承担全部或部分经济损失,每次扣除责任部门目标考核 2 分。情节严重并触犯法律的,移交司法机关依法处理。

五、票务事故的申诉、复查

当事部门或个人对事故通报的定性、定责持有异议的,可以在事故通报送达部门或个人后的三个工作日内向计划经营部递交《票务问题申诉表》,提出复查申请,超过期限的原则上不予受理。

第四篇 客运服务篇

第九章　客运服务规范

岗位应知应会

1. 了解客运服务规范。
2. 熟悉运营环境标准、客运服务标准。
3. 精通处理乘客事务时的工作标准。

重难点

处理乘客事务时的工作标准。

第一节　运营环境标准

乘客服务区：包括车站站厅、站台、出入口、列车内所有会发生乘客服务行为和处理乘客事务行为的区域。

运营环境标准包括以下内容：

（1）站厅、站台、地面、台阶无痰迹、无垃圾、无尘土、无保洁用具/商铺物品等堆放物；站台屏蔽门、墙、柱、门、窗无痰迹、无印迹、无泥点、无黑灰；边、角、棱、沿无黑灰、无塌灰、无蛛网；垃圾箱周围不得有污迹杂物、箱体外部不得有污垢、箱内杂物不得超过箱口。

（2）车站客服中心、站台站务员室、车站控制室、票务室、站长室、会议交接班室等其他管理用房：物品按规定摆放整齐，台面无杂物（包括水杯、饮料瓶、抹布等），积尘，墙壁、玻璃干净无污渍、无油渍、无胶渍、无不标准张贴物等。

（3）各车站管理范围内无乱停车辆、无摆卖摊贩、无乞讨卖艺等闲杂人聚集。

（4）各出入口台阶以上范围内必须保持整洁，地面、墙壁及玻璃等处无乱张贴、涂写现象，无杂物堵塞通道。

（5）出入口及公共区扶梯表面干净整洁，扶手带、挡板无灰尘，梯级上无垃圾杂物。

（6）出入口及公共区楼梯梯级无积水、垃圾，无人员坐卧。

（7）列车环境管理要求：文明驾驶，操纵平稳，按标停车，安全正点、舒适整洁。

第二节　客运服务标准

一、车站员工仪表着装标准

（1）上班时间按季节统一着工作制服，具体时间各站根据部门通知，统一更换相应季节的工作制服。上岗服务时可不带帽子，公司有要求的时候可及时佩戴。

（2）穿着制服时应佩戴领带（领结）、工号牌（挂绳式工牌或胸针式工牌）。佩戴挂绳式工牌时应正面向上挂在胸前，保持端正；佩戴胸针式工牌时，应佩戴在左胸前口袋上沿中部，工号牌下沿与左胸前口袋上沿平行，并保持 1～2cm 距离。如佩戴党（团）徽时，应将党（团）徽佩戴于胸针式工号牌正上方位置。

（3）穿着制服时，应衣装整洁。制服上口袋、裤袋应平整，不因装过多东西而鼓胀不雅；男员工衬衣下沿应束进裤内，皮带以黑色或深色为主。

（4）穿着制服时，应穿黑色或深色的皮鞋，鞋面保持干净。工作时，禁止穿鞋跟过高（跟高不能超过 5cm）的皮鞋。袜子以黑色或深色等朴素颜色为主。女员工着裙装时应穿肤色长筒袜。

（5）饰品佩戴要求：项链应佩戴在衣领内，不可外露；客服人员一律不得佩戴脚链；不得佩戴手镯、手链；佩戴手表时，款式要自然大方；男员工不可佩戴耳钉、耳环，女员工只可佩戴耳钉，耳钉款式应与自身仪表相协调，每只耳朵不得超过一只耳钉，直径小于 5mm。

（6）工装尚未下发前，公司各岗位员工在学习和工作时，须穿着白衬衣和深色裤子，不允许穿着其他颜色的衣服上岗。标准着装见图 9-1。

图 9-1　标准着装

二、仪容礼仪标准

（1）面部、双手保持清洁，身体外露部位无纹身。指甲修剪整齐，长度不超过指尖 2mm，不染彩色指甲。

(2)头发干净整齐、颜色自然,不理奇异发型、不剃光头。男性前不遮眉、侧不遮耳、后不触领,不留胡须;女性头发长度超过肩膀身着工作制服时,必须佩戴头花,将头发挽于头花发网内,刘海长不遮眉;短发不短于两寸。

(3)女性淡妆上岗,保持妆容美观,不浓妆艳抹;员工不得佩戴墨镜上岗。

三、仪态礼仪标准

(一)站姿

(1)头部微微抬起,面部朝向正前方,双目平视,下颌微微内收。

(2)颈部挺直,双肩平正,微微放松,呼吸自然,腰部直立,上体自然挺拔。

(3)张开双手虎口交叠握(男士:左上右下,女士:右上左下),双臂自然下垂,放于身前,手指自然弯曲。

(4)女士一脚向前,另一脚可斜向呈15°~20°角,需要还脚时,应先收拢再出脚;男士两脚平行分开,约与肩同宽。

(5)注意提起髋部,身体重量应平均分布在两条腿上,如图9-2所示。

图9-2 站姿

(二)坐姿

(1)落座前,女士应用双手由下而上(自腰部下方向膝后部),稍稍拢一下裤或裙。落座位置只能在椅面(凳面、沙发面)的1/2或2/3处(臀部后面距离椅背约2cm),有扶手的可搭一个手臂或不搭。

(2)落座后,上身要保持与站姿相同的挺拔,不能依靠椅子靠背,保持头正肩平,下颌微微收,挺胸收腹,上身也不要过分前倾。两腿自然落地,男性可以分开双腿,距离与肩同宽,小腿自然垂下,全脚掌着地,双手握空拳,自然放于同侧大腿面上;女性须并拢双腿,小腿自然垂下,也可向左侧或右侧自然倾斜,全脚掌着地,掌心向下,双手搭握,自然放于腿上。

(3)需架腿时,应保持两小腿间密贴无缝,可以向左或向右自然倾斜,但不能摇晃架起的腿。女性在穿着裙装时,在换腿或架腿之前,可以双腿并拢直伸,叠架腿后回收双腿,自然形成架腿,架起的腿可向左或右侧倾斜着地。如图9-3所示。

(三)行姿(走姿)

(1)体态优美:昂首挺胸、双目平视前方、表情自然。
(2)重心放准:双肩平齐、上身挺直、重心稍前倾。
(3)摆动适当:两臂自然摆动,前摆时稍向里折(手臂与身体的夹角大约在10°～15°之间)。
(4)做到两脚尖略开,脚后跟先着地,两脚内侧落地,走成一条直线,行走中不要突然转向,更忌突然大转身。
(5)步幅适当:两脚落地的距离大约为一个脚长,即前脚的脚跟距后脚脚尖一个脚的长度为宜,男性约25cm,女性约23cm。
(6)行走速度应保持均匀、平稳,不要忽快忽慢,一般每分钟在60～100步之间。如图9-4所示。

图9-3 坐姿

图9-4 走姿

(四)蹲姿

半蹲式蹲姿标准:站在所需拾起的物件旁,一脚在前,另一脚在后,相距约一脚之距(前脚跟后脚尖持平),前脚小腿垂直于地面、全脚掌着地,大腿靠紧(男性可不靠紧,有一定距离),后腿脚跟提起,后腿前脚掌着地,前膝高于后膝,臀部向下靠坐在后脚跟上,以前脚为身体的主要支撑点,前脚一侧的手可以支撑在大腿前端(女性以手掌平撑、男性以半握拳撑),后腿侧的手自然垂于地面拾起物件。拾物时注意抬头挺胸,把腰低下,始终保持上身挺拔,臀部向下。如图9-5所示。

(五)指引

指引标准：保持站姿，五指并拢，掌心向上，手掌面微向内倾斜与地面成45°（大拇指侧向上），向需要指引的方向，由下而上运动，并根据目的地的远近控制手臂的伸展曲度。目的地越远，下臂与上臂之间的夹角越大。如图9-6所示。

图9-5　蹲姿　　　　　　　　　图9-6　指引

四、行为举止标准

（1）在岗时要精神饱满，举止大方，行为端正。不得将个人情绪带到工作上，不得剪指甲、挖耳朵、打哈欠及伸懒腰等。

（2）专心认真工作，不准在岗位上聊天、说笑、追逐打闹或做与岗位工作无关的事，如看书、看报、吃东西、会客、打私话、发短信等。

（3）在岗时，应站姿挺拔、双手自然下垂、两腿并拢，不得背手、抱拳、玩手指、手插进口袋或手搭在物品上、倚靠墙柱等；坐着时要正、挺胸、腰不得背靠椅背，不得斜躺、抖腿、用手托腮及趴在桌面上，做到"站有站相，坐有坐姿"。

（4）回答乘客问询时，要耐心有礼，面带微笑。不得不理不睬，不得边走边回答，不得边工作边回答，也不得以摇头、点头等方式回答乘客，应站立或停下手中工作认真回答（如工作确实无法终止应请乘客稍等，并在工作完成后第一时间回答）。对自己无法回答的询问，应请教同事，不得给乘客误导，不得互相推诿。对违反城市轨道交通有关规定的乘客应采用解释、诱导、委婉的语言，尽量站在乘客的角度解释（从乘客安全、利益的角度出发），严禁对乘客有大声呵斥、推、拉、扯、拽、不文明手势等行为。

（5）车站当班工作人员（当班值班站长、中心站站长/副站长除外）上岗前需将手机调至静音状态统一交车控室保管，不准佩带手机等通信工具上岗。

（6）着工装乘车、候车过程中，原则上不准坐在座椅上，并需主动维持乘客候车、乘车秩序。

（7）当与乘客有视线接触时，应点头微笑以示尊敬。

五、服务语言标准

（1）与乘客交谈或使用人工广播时，必须使用普通话，每一句都应使用十字文明服务用语："您好、请、谢谢、对不起、再见"。

（2）与乘客交谈时或使用人工广播时，应根据乘客的不同身份使用恰当的称呼用语，如先生、小姐、小朋友、大爷、大妈、同志等，不得使用"喂"、"嘿"、"哎"、"那位"等不礼貌用语称呼乘客。

（3）回答乘客问题或使用人工广播时，应语调沉稳、语气舒缓、吐字清晰、声音圆润、语速适中、音量适宜，避免声音刺耳，使乘客惊慌。

（4）处理违章事宜要态度和蔼、得理让人，不得讲斗气、噎人、训斥、顶撞、过头及不在理的话。

（5）严格遵守各岗位特殊语言要求，如：客服中心兑零时应按规定语言唱票。

（6）紧急情况下，参照《运营应急信息发布管理办法》，根据行调下达的信息，耐心做好乘客解释工作。

（7）常见标准文明用语见表9-1。

常见标准文明用语　　　　　　　　　　　表9-1

序号	情景	文明用语	备注
1	发现乘客需要帮助	您好,请问您需要什么帮助	配合微笑服务
2	乘客询问时	您好,请讲	配合微笑服务
3	需要乘客让路时	对不起,请您让一下	配合微笑服务
4	需要乘客配合时	对不起,请(麻烦)您……	配合微笑服务
5	纠正乘客错误操作	对不起,您应该……	配合微笑服务
6	回答乘客感谢时	不客气,很高兴为您服务	配合微笑服务
7	乘客催促时	对不起,马上就好,让您久等了	态度诚恳
8	与乘客道别时	请您慢走,欢迎您下次乘坐××地铁	配合微笑服务
9	无法立即满足乘客要求时	对不起,请您稍等,我马上……	态度诚恳
10	没听清乘客说话时	对不起,我没听清,请您再讲一遍好吗	态度诚恳
11	维护排队秩序时	请大家按秩序排好队,谢谢您的合作	态度诚恳
12	服务未达到乘客满意时	对不起,我的原因给您造成了不便,我向您表示歉意,请您原谅	态度诚恳,道歉认真
13	指导乘客购票时	您好,请您在这里买票	配合指引动作
14		您好,您的纸币金额过大,请您到客服中心换取零钱	配合微笑服务
15	乘客购票后	您好,如果您愿意,可以到客服中心将硬币换成纸币	配合微笑服务

续上表

序号	情景	文明用语	备注
16	指引乘客入闸时	您好,请您在这里检票	配合指引动作
17		请您走这边的通道	配合指引动作
18		请您右手拿票,在这里刷一下	配合指引动作
19		您好,请您在检票时抱好您的孩子	配合微笑服务
20	为乘客办理学生(老人)储值票业务时	请您将相关的证明(证件)给我,我来帮您办理	配合微笑服务
21		这是您的证件和车票,请您收好	配合微笑服务
22		请您拿好您的手中的车票与票款	配合微笑服务
23	乘客提出对车票进行分析及更新时	好的,我马上为您分析,请您稍等片刻	配合微笑服务
24	帮助乘客查询余额等	请稍候,我帮您查一下	配合微笑服务
25	劝阻乘客不良行为时	您好,请您不要在车站里大声喧哗,谢谢您的合作	走到乘客身边小声提示
26		您好,请您注意安全,不要在车站里奔跑	走到乘客身边小声提示
27		您好,请您不要在车站里逗留,谢谢您的合作	走到乘客身边小声提示
28		您好,请您不要车站内吸烟(随地吐痰)	走到乘客身边小声提示
29	乘客扒扶屏蔽门	您好,请您在黄线外候车,谢谢	走到乘客身边小声提示
30	当乘客向我们提出意见或建议时	谢谢您对我们工作的支持,您的建议我们会认真考虑的	配合微笑服务
31		谢谢您对我们工作的支持,您的建议对我们很有用,我们下一步将尽快实行	配合微笑服务
32		谢谢您对我们工作的支持,您的建议我们会及时上报,尽快给予解决	配合微笑服务
33	接受乘客批评时	感谢您的意见,我们一定虚心接受,认真改正	配合微笑服务
34	当乘客在车站丢失物品	请您不要着急,您是否能将丢失物品的详细情况说明一下,以便我们帮您寻找	态度诚恳
35		请您不要着急,我们已通过热线尽量帮助您寻找,如果有消息我们会第一时间通知您,请您放心	态度诚恳
36	当乘客由于赶车而焦急或奔跑时	开往××方向的列车还有××分钟到达,请您不要着急	态度诚恳
37		开往××方向的列车刚刚驶出,请您不要着急,耐心等待	态度诚恳

六、服务态度标准

(1)主动热情关心乘客,主动协助老、弱、病、残、孕妇及其他有困难的乘客。

(2)安全意识强,在岗时,时刻保持警惕,以确保乘客和行车安全为自己的首要职责。

(3)处理有关乘客问题时,应公平、公正、合理,并遵循异时、异地、异人的原则。

(4)遵守公司的各项方针、政策。

七、岗位服务标准

(一)巡视岗

(1)不间断巡视站厅设备、扶梯的运行情况、乘客进出站情况等,及时主动向有需要的乘客提供服务。

(2)处理乘客事务,帮助引导进出闸机车票有问题的乘客到车站客服中心。

(3)负责站厅边门的管理,对从边门进出的人员进行严格登记并如实汇报。

(4)积极疏导乘客,要特别注意突发紧急情况时,乘客拥向出入口,堵塞通道等特殊情况。

(5)及时向值班员、值班站长报告异常情况和问题。

(6)制止并处理违反《郑州轨道交通管理条例》的行为,阻止乘客携带三品、超大物品等违禁品、危险品进站。

(7)见有特殊乘客进站需及时通知有关岗位,对老年乘客、小孩、行动不便者提供帮助以避免客伤事件的发生。

(8)积极引导进/出站乘客到乘客较少的客服中心、TVM、闸机等处购票、进/出站。

(9)负责监督工作区域内的卫生情况,发现问题,立即整改。

(10)遇设备故障等情况要及时摆放暂停服务牌,并及时向车控室汇报。

(二)站台岗

(1)监视列车运行状态、候车乘客动态,监视是否有乘客跳下轨道、进入隧道、倚靠屏蔽门、抢上抢下或乘客物件掉落轨道,防止列车、屏蔽门夹人夹物或夹人夹物动车,根据情况及时采取正确的处理办法。

(2)宣传号召乘客在黄色安全线以内候车,不要依靠屏蔽门,不要抢上抢下,维护站台秩序,组织乘客按排队箭头有序候/乘车。

(3)若发现异常情况及时采取措施或与车控室联系。

(4)回答乘客询问,在力所能及的范围内,尽量帮助乘客解决问题,特别注意帮助老、弱、病、残等需要提供帮助的乘客。

(5)当客车车门或屏蔽门故障时,按照有关程序,协助司机处理车门,贴上"此门故障,暂停使用"的告示。

(6)制止并处理违反《城市轨道交通管理条例》的行为。

(7)标准服务用语见表9-2。

标准服务用语表　　　　　表 9-2

序号	场　景	服　务　用　语
1	列车进站前及进站时	各位乘客/××,为了您和他人的安全,请站在黄色安全线内排队候车,多谢合作
		各位乘客/××,为了您的安全,请勿手扶屏蔽门、排队候车,多谢合作
		各位乘客/××,由于现在站台乘客较多,请到站台××部候车,多谢合作
2	列车到站停稳开车门时	上车的乘客请注意,请小心列车与站台的空隙,先下后上,多谢合作
3	列车将要关车门时	各位乘客,车门即将关闭,没有上车的乘客请您耐心等候下一趟车,(请不要越出黄色安全线)多谢合作
4	乘客越出黄色安全线时	各位乘客/站台××部的乘客,为了您和他人的安全,请站在黄色安全线内排队候车
5	乘客带气球进站乘车时	您好,为了您和他人的安全,请不要携带气球乘车,多谢合作
6	小孩在站台上追逐跑奔,打闹时	(您好)由于地面湿滑,容易摔倒,请家长(您)带好您小孩,不要在站台追逐、奔跑、打闹
7	乘客乱扔乱吐	您好,为了您和他人的健康请不要随地乱扔乱吐
8	有乘客走近时,主动询问	您好,请问有什么需要我帮助吗/您好,请问我能为您做点什么
9	对于上站厅的小孩和老人	您好,为了您的安全请走楼梯或垂直电梯到站厅/站台/出入口
10	末班车到站时	各位乘客请注意,开往××方向的末班车将在××点××分开出,请您抓紧时间上车
11	列车服务终止时	各位乘客,今天的列车服务已经终止,车站即将关闭,请您尽快出站
12	列车延误时	根据车控室反馈信息和"列车延误信息发布标准"内容解释,严禁臆测行事
13	列车故障需要清客时	根据"列车清客标准"内容解释
14	乘客有物品掉下轨道时	您好,请不要着急,我们的工作人员将会及时为您拾回物品,多谢合作
15	发生突发事件或意外情况(如火灾等)时	各位乘客,由于车站发生突发事件,可能会危及您的人身安全,请听从工作人员的指引,迅速离开车站
16	列车不停站通过时	根据具体情况进行解释,不清楚具体情况及时联系车控室

(三)客服中心岗

站务员(客服中心岗)应按"一收、二唱、三操作、四找零"的程序进行作业。

(四)站务员(客服中心岗)岗位服务技巧

(1)车站每台 TVM 前排队超过 10 人,并持续 15 min 以上,请示值班站长增设临时售票亭,避免乘客排长队的情况出现。

(2)在出售及分析车票时尽可能使用功能键,使操作准确而快捷。

(3)在兑零空余时间尽可能把硬币盘摆满硬币。

(4)所兑硬币应整齐摆放,使乘客取币方便、快捷,不得有丢、抛的动作。

(5)减少客服中心交接班对乘客服务的影响,如:交接班时间尽量安排在车站非高峰期;交接班之前做好有关准备;接班人先准备好一盘硬币;售票员应优先处理付费区内乘客,并要礼貌地让非付费区内乘客稍等;售票员应预备充足的零钱和车票,掌握存量,及时通知客运值班员追加,保证售票和兑零工作顺畅。

(6)客服中心岗在岗时的客服技巧:售票员严格执行唱票;售票员服务时要耐心有礼;售票员应优先处理付费区内乘客,并要礼貌地让非付费区内乘客稍等;售票员应预备充足的零钱和车票,掌握存量,及时通知客运值班员追加,保证售票和兑零工作顺畅。

(五)站务员(站台岗)服务要求

1. 四到

心到:精神高度集中,随时应变异常。

话到:提醒乘客按排队箭头候车,及时进行安全广播。

眼到:注意乘客动态、屏蔽门工作状况。

手到:主动处理问题,如发现地面有水,及时设置"小心地滑"牌,设备故障放"暂停服务"牌,地面有脏物时及时找保洁清除。

2. 四多

多监控:密切监控站台乘客情况、屏蔽门工作状况,必要时采取控制措施。

多广播:通过广播提醒乘客看管物品、看好小孩、不得跑闹、追逐、不得推挤屏蔽门、到人少的一端候车等。

多联系:发现异常情况及时与司机、车控室及其他岗位联系。

多巡视:在各次列车到达间隙巡视站台一遍,巡视时"三步一回头"。

3. 三勤

站台发现乘客伤亡事件或其他异常情况时,及时寻找目击证人并记录。

遇蛮横不讲理的乘客及时与车控室和公安联系,不与乘客发生正面冲突。

站台客流不均匀时,及时引导控制,防止乘客拥挤。

第十章　客运组织

> **岗位应知应会**
>
> 1. 了解车站客运组织相关概念。
> 2. 熟悉正常情况下和非正常情况下的客运组织工作。
> 3. 精通客运组织的方法。
>
> **重难点**
>
> 重点:客运组织的方法。
> 难点:非正常情况下的客运组织工作。

第一节　定义、原则

一、定义

（1）车票:乘客乘车的有效凭证,是连接乘客与车站 AFC 系统的载体,包括城市轨道交通专用车票和其他卡公司(如郑州的绿城通)发行的各类票卡。

（2）客流组织:为保证车站的正常秩序、乘客的人身安全,车站根据当天客流情况进行的人员组织、客流疏导、安全宣传等工作。一般可分为正常情况下的客流组织、非正常情况下的客流组织及大客流组织。

（3）大客流:在一定时间内出现较多客流并有持续发展的趋势,造成车站能力或列车运能明显不足。

（4）乘客:持城市轨道交通有效乘车凭证（如单程票、储值卡等）及按有关规定免费乘车的乘车人员。

（5）付费区:在闸机内的车站范围、列车上及紧急疏散所用的隧道范围。

（6）非付费区:在闸机外的车站范围,包括出入口、通道。

（7）清客:出于某种需要将乘客从某一区域全部转移到另一区域。

（8）疏散:紧急情况下,利用安全通道和出口迅速将乘客从危险区域全部转移到安全区域。

（9）隔离:采用某种方式或工具人为地隔开人群或封闭某个区域。

二、客运组织基本原则

（1）坚持高度集中、统一指挥、逐级负责的原则，OCC负责全线的客运组织工作，车站站长或车站值班站长负责车站的客运组织。

（2）车站值班站长决策一、二级客流控制启用，车站站长决策三级客流控制启用，车站采用任意一级客流控制时都必须向行调报告。

（3）由于突发大客流的不可预见性，分公司员工应竭力控制拥挤程度和人群秩序，谨防出现混乱和由混乱引起的人身伤亡事件。

第二节 客流组织

一、正常情况下的客流组织

（一）进站组织

（1）乘客经出入口、楼梯、自动扶梯（或垂直电梯），通过通道进入车站站厅层非付费区。

（2）乘客到达车站站厅非付费区，在自动售票机、客服中心或临时票亭购票后检票通过进站闸机进入付费区，持储值票的乘客可直接检票通过进站闸机进入付费区。

（3）持有车票的乘客经进站闸机验票进入站厅付费区后，再通过楼梯、自动扶梯（或垂直电梯）进入站台层候车。

（4）乘客到达站台，应在规定区域候车，通过导向标识和乘客资讯系统选择乘车方向并了解列车到发时刻。

（5）列车到站停稳开门后，乘客须按先下后上的顺序乘车，站台工作人员要注意防止乘客抢上抢下。

（二）出站组织

（1）乘客下车后到达车站站台，经楼梯、自动扶梯（或垂直电梯）进入站厅层付费区。

（2）出站乘客通过出站闸机（单程票出闸时将被收回），进入站厅层非付费区后，通过导向标志找到相应的出入口，经通道、出入口出站。

（3）车票车资不足、超时、超程、车票无效或无票乘车的乘客须到客服中心办理相关乘客事务后，方可出站。

(三)换乘组织

(1)付费区换乘:乘客到达换乘站下车后,不需通过出站闸机,直接在付费区内根据换乘导向标志指引经楼梯、自动扶梯(或垂直电梯)到达另一站台层换乘候车。付费区换乘一般包括同站台平面换乘、站台立体换乘及通道换乘。

(2)非付费区换乘:乘客到达换乘站下车后,根据换乘导向标志指引,需经楼梯、自动扶梯(或垂直电梯)到达站厅层付费区,通过出站闸机进入非出付费区或出站,到另一线路重新进入付费区或进站进行换乘。

(四)终点站(起点站)客流组织

终点站(起点站)根据不同的列车折返方式采取不同的客流组织方式。

(1)站前折返:列车到达终点站后,打开车门,乘客先下后上,上下客完毕后关闭此侧车门。

(2)站后折返:列车到达终点站后,打开车门组织乘客下车,并对列车进行清客,车门关闭,列车进行折返回到另一方向站台后,打开车门组织乘客上车。

(3)车站对正常情况下客流组织进行监控,提供咨询,进行引导。

(五)正常客流组织情况下岗位职责

正常客流组织情况下岗位职责见表10-1。

正常客流组织情况下岗位职责表　　　　　　　　　　表10-1

序号	责任人	职责
1	客服岗	负责客服中心问讯、充值、兑零、售票和处理车票问题
2	巡视岗	负责车站巡视工作,引导乘客购票乘车,注意乘客动态,协助处理突发事件
3	站台岗	(1)负责接发列车,维持站台乘客候车秩序,注意乘客动态,监控屏蔽门开关状态和列车运行状态 (2)两端终点站对列车进行清客,按清客程序作业进行

二、非正常情况下的客流组织

图10-1 疏散

在非正常情况下,车站可采取疏散、清客、隔离等客流组织方式。

1.使用疏散的情况

(1)采用车站疏散组织办法时,车站人员及时把乘客从站内疏散到站外。

(2)采用隧道疏散组织办法时,车站工作人员要及时把乘客从隧道内疏散到车站,车站值班站长担任临时应急负责人。如图10-1所示。

2. 使用清客的情况

（1）站台清客

当列车发生故障需要在站台清客或有重要接待需要进行站台清客的情况。

（2）区间列车清客

列车在区间故障或牵引供电中断等突发情况需要清客时，由行调指定车站值班站长担任事故处理负责人并带领其他工作人员进入区间，将乘客组织疏散到距离事发地较近的车站或安全区域。

（3）车站清客

车站夜间末班车终到站清客、车站退出服务、特殊情况终止服务时，车站内乘客必须全部离开车站。

（4）站台列车清客

列车到达终点站并需要站后折返，列车上发生突发情况列车临时退出服务等，要求列车上乘客全部下车，等待后续列车的情况。

3. 使用隔离的情况

（1）乘客打架

因乘客打架难以控制车站局面时，用铁马隔离打架区域，避免伤及其他乘客，并寻找目击证人，保护事发现场，通知地铁公安，地铁公安到场后交地铁公安处理。

（2）客流较大

客流较大发生交叉干扰时，在自动售票机处、闸机、楼梯、扶梯、出入口用伸缩铁围栏、隔离带、铁马等设备器具人为地隔开人群，保持客流畅通。

（3）发现恶性传染病人

如发现恶性传染病人，必须采取隔离措施，关闭出入口，列车不停站通过车站，对与疑似人员有过密切接触过的物品、人员进行消毒、隔离，待防疫部门检查后，方可离开。

（4）乘客伤残、死亡

乘客伤残、死亡时需要保护现场。

（5）其他特殊情况

其他特殊情况需隔离时。

三、大客流组织

（一）大客流组织前期准备工作

（1）为了确保出现大客流时安全、迅速、有效地疏散乘客，站务中心各室需按规定程序提前（节假日大客流提前 12 天，非节假日提前 10 天）申报所需物品、设施的专项采购计划（如告示牌、手提广播等），物资部应及时审批计划，并完成采购。

（2）在大客流发生前，设备维护人员须事先对车站客运设备设施进行维护、检修，确保在大客流时客运设备能正常使用。

（3）调度票务中心应提前编制《节假日运营时刻表》，并于该时刻表应用前 7 天反馈给站务中心，各站应于该时刻表应用前 3 天在各出入口统一对外公布节假日期间的服务时间，于当天运营开始前，在客服中心前使用告示牌公布服务时间信息，并根据本站实际情况，及时进行广播宣传工作。

（4）信息管理部应于可预见性大客流发生前 3 天进行对外宣传工作。

（二）大客流组织流程

1. 可预见性大客流组织流程

节假日、社会活动日、纪念日等客流量明显高于日常客流量的日期，计划经营部提前 15 天编制分公司客运组织总体方案，必要情况下，组织联动部门、单位召开客运组织工作联席会，部署客运组织工作。

站务中心、计划经营部收集跟进可能引发车站大客流的信息，如商场庆典、社会活动等，由计划经营部提前编制客运组织总体方案。

可预见性大客流客运组织方案在企业发展部下发《分公司客运组织总体方案》后启动，各部门要认真履行相应的义务和职责，做好各项应急准备工作。

2. 突发性大客流组织流程

站务中心负责现场客流监控，做好大客流发展趋势的预测，采取局部大客流的控制措施，进行先期客流控制。

车站及时将客流情况向 OCC 报告，报告内容包括：车站客流预测数量、预测持续时间、设备运行状态、已采取措施、是否需要支援。

OCC 监控全线车站客流发展情况，启动大客流组织流程。

OCC 通知各部门启动大客流组织流程，调配各部门联动，采取有效措施，进行客运组织。

（三）客流组织

各车站发生大客流时，应根据本站大客流组织方案的有关规定及程序执行，各岗位履行相应职责，做到安全、及时、有效地疏导乘客。

（1）车站应及时报告行调，行调通过 CCTV 加强对车站客流情况的监控。

（2）车站应加强现场督导工作，增加站务人员，做好秩序维护和服务工作。

（3）车站每台 TVM 前排队超过 10 人，并持续 5 分钟以上请示值班站长增设临时售票亭，避免乘客排长队的情况出现。

（4）车站根据现场情况，利用告示牌、临时导向标志、车控室广播设备、手提广播，适时做好对乘客的宣传、引导工作。

（5）车站应通过 CCTV，加强对现场情况的监控工作。

（6）车站加强对出入口、站厅、站台客流的监控及疏导，避免付费区内人员过度拥挤或流通不畅。

（7）车站根据客流情况，决定是否适量关闭TVM、AVM、进站闸机，以减慢乘客买票速度，控制进站客流，或在某些出入口实行单向疏导方式，缓解站内客流压力。

（8）列车司机发现有乘客上不了车或影响车门、屏蔽门关闭时，应及时报告行调，做好广播引导乘客，同时车站人员迅速到场与司机共同处理。

1. 可预见性大客流的客流组织

对于可预见的大客流（如节假日、大型活动大客流），站务中心站务室应根据计划经营部的预测情况提前采取措施，做好准备工作，具体工作如下：

相关车站检查各出入口、通道是否畅通。

车站站长（值班站长）合理安排各岗位人员的工作，并通知地铁公安协助车站维持秩序。

预赋值单程票的申请、配发按照《票务管理规则》《票卡管理规定》的要求执行。

车站做好临时导向标志、告示牌、临时售票亭等客运设施的准备、设置工作。

2. 突发性大客流的客流组织

对于突发性大客流，车站应立即报告行调，并立即采取相应措施。

车站立即组织员工按本站大客流组织方案的有关规定处理。

做好乘客疏导工作，并通知地铁公安到现场维持秩序。

向站务中心站务室请求增派人员前往该站支援。

（四）客流控制

（1）控制中心负责全线的客流控制，车站值班站长/站长负责本站的客流控制。在实施全线客流控制时，应重点疏运发生大客流的车站。

（2）发生大客流时，车站按三级客流控制方执行，缓解车站压力，避免意外发生。

（五）三级客流控制

1. 三级客流控制原则

采取"由下至上、由内至外"的原则进行客流控制。在车站出入口、进站闸机、站厅与站台的楼梯、电扶梯处重点控制进站客流。

坚持点控和线控的原则。控制指挥中心负责地铁全线的客流控制，车站站长或值班站长负责本站的客流控制。

坚持集中领导、统一指挥的原则。车站在实施三级客流控制之前，需向行调报告。

2. 三级客流控制方法

第一级客流控制：站台客流控制。当站台出现乘客拥挤时，在站厅的楼、扶梯口控制乘客到站台，将扶梯全部设置为向站厅方向，缓解站台乘客候车压力。

第二级客流控制：付费区客流控制。当站厅付费区乘客比较多时，关闭部分自动售票机、进站闸机，同时在进站闸机处控制进入付费区的乘客。

第三级客流控制：非付费区客流。当站厅非付费区的乘客较多时，在出入口采取分批限量进站、只出不进或关闭出入口等措施。

（六）各部门间配合

在整个客流组织和控制过程中，车站应保持与行调、地铁公安的联系，加强相互之间的配合。

（1 车站应加强与行调之间的联系，实时报告现场情况。如有必要，及时请求支援，或通过行调向地铁公安请求支援。

（2）车站保安应加强对重点部位的巡视、检查，认真履行职责，需要进行客流控制时，听从值班站长的安排，执行客流控制方案。

（3）地铁公安应加强对重点部位的巡视和防范工作，需要进行客流控制时，按控制等级需要，积极与车站配合，确保客流得到有效控制。

第三节　车站乘客事务处理

乘客对轨道交通运营服务的投诉、建议、咨询、表扬统称为乘客事务。

一、定义

（一）有责投诉

在轨道交通运营服务中，由于员工服务、设施设备、环境卫生等方面的不足引起的乘客投诉，造成一定程度负面影响或乘客利益损害，经调查，确认相关部门或人员负有责任的，称为有责乘客投诉。

（二）无责投诉

无责投诉包括以下情况：
(1)员工在服务过程中，为坚持工作原则，且无任何处理不当或过错行为的投诉。
(2)因无法联系乘客、乘客所留联系方式有误或乘客提供的信息与实际情况严重不符的投诉。
(3)由于其他不可抗原因而引起的投诉。
(4)因公司政策问题而引起的投诉。
(5)调查发现乘客故意扭曲事情真实情况的投诉。

（三）敏感事务

对城市轨道交通形象产生较为严重影响的事务。

二、乘客事务分类、要素及处理原则

(一)乘客事务分类

(1)按乘客事务性质可分为投诉、建议、咨询、表扬等。

(2)按乘客事务主体可分为人员服务类、设施设备类、公司政策类等。

(3)按乘客事务提交形式可分为来访、来电、来信、乘客车站留言、网站留言、电子邮件及媒体、其他部门转发等。

(二)乘客事务要素

(1)涉及人员服务类的事务要素包含:时间、地点、人员姓名或工号、事件概况、乘客意见、改进建议。

(2)非人员服务类事务要素包含:时间、地点、事件概况、乘客意见、改进建议。

(三)乘客事务处理原则

(1)首问负责制:首位接待乘客的员工应尽力满足乘客的合理诉求,如无法满足的,应为乘客指明其他解决方式。

(2)投诉不申辩原则:处理乘客投诉时,不能出现辩解、推诿、顶撞的行为。

(3)现场处理原则:受理乘客事务的个人或部门要尽量在现场处理完毕,确保事务处理的时效性。

(4)乘客满意原则:在处理乘客事务时,需迅速响应乘客的需求,在规定允许的情况下,尽量满足乘客的需要,做好服务补救措施,并及时将无法处理或乘客对回复不满意的投诉向上级反映。

(5)百分百回复原则:热线和车站所有受理的乘客事务,受理部门必须百分百回复乘客,并做好跟踪和台账记录。

(6)投诉事务调查原则:事务调查遵循"四不放过"的原则:即投诉原因分析不清不放过、责任人和其他员工没有受到教育不放过、防范整改措施未落实到位不放过,责任者没有受到严肃处理不放过。

(7)投诉回复及时性原则:乘客投诉应在5个工作日内回复乘客。

三、站务中心乘客事务处理程序

(一)车站乘客事务处理程序及要求

(1)员工在接到投诉信息后,必须第一时间处理,如果当事人无法处理,应立即通知上级,相关人员接到信息后,必须在 5 分钟内到场处理投诉事务。

(2)员工在接到建议信息后,必须第一时间对乘客表示感谢,并做好记录向上级汇报。

(3)员工在接到咨询信息后,必须第一时间给予解答,如果当事人无法解答,应立即通知上级,相关人员接到信息后,必须在 5 分钟内到场解答乘客咨询。

(4)员工在接到表扬信息后,必须第一时间对乘客表示感谢,并做好记录向上级汇报。

(5)对于车站能够及时给予解释和答复的,应及时向乘客进行处理和解释;对于不能马上答复的,应留下乘客的相关资料,填写《车站乘客事务处理台账》。

(6)对于仅涉及站务中心的事务由站务中心负责调查、回复;对于涉及其他部门的事务应转发至服务热线,由热线负责调查、回复。

(7)对于较严重的乘客投诉(如人员服务态度、员工错误操作等),车站须立即向上级汇报。

(二)有责投诉处理

(1)有责投诉的处理

相关部门在规定的时间内向计划经营部提交调查分析报告,计划经营部核实后进行定性、定责,由分管领导审批后,发《乘客投诉定责通知书》,并由计划经营部备案。

(2)有责投诉的分级

有责投诉按事件的性质与产生后果及影响的轻重,分为一级有责投诉、二级有责投诉和三级有责投诉,具体界定标准如表 10-2。

有责投诉的分级表　　　　　表 10-2

分类	序号	一级有责投诉	二级有责投诉	三级有责投诉
人员服务类	1	服务工作中未能运用服务知识与技巧	与乘客发生争执、拉扯的行为	对乘客有推、拉、打、踢等粗暴行为
	2	在岗期间长时间聊天(值班站长安排工作或交接班除外)	对乘客讲斗气、嗟人、训斥、顶撞的话(未发生肢体冲突)	作弄、欺瞒乘客的行为
	3	没能礼貌、耐心解答乘客的问题及采取力所能及的措施帮助有困难的乘客	列车清客时,工作人员用物品敲打车厢、扒拉乘客	员工因过失造成乘客或公司经济损失 10 元以上(作弊行为除外)
	4	不及时放置警示牌,误导乘客	上岗时携带(从事)与工作无关的物品(事情)	无故提前关站或延误开站时间 10 分钟以上
	5	不主动维持乘客购票、进出站和候车秩序	员工因过失造成乘客或公司经济损失 10 元及以下(作弊行为除外)	利用乘客资料采取不同形式骚扰、恐吓
	6	列车车门或屏蔽门故障暂停使用,没有及时张贴故障的标示	无故提前关站或延误开站时间 10 分钟及以内	工作中有舞弊行为,使乘客利益受损
	7	运营时间出入口关闭,没有摆放告示或没有安排人员引导	客服中心岗兑零钱款不足造成乘客投诉	无理由拒绝乘客的合理要求
	8	无特殊原因,实际运营未按照车站公告栏的内容执行	列车因故晚点 5 分钟以内但未提前做好广播及解释工作	地铁责任造成的伤亡事件

续上表

分类	序号	一级有责投诉	二级有责投诉	三级有责投诉
人员服务类	9	列车末班车、清客或其他紧急情况时,未做好广播及解释工作	其他违反乘客服务标准及规章制度的行为,对乘客或公司造成轻微损失	列车因故晚点5分钟以上(包括5分钟)但未提前做好广播及解释工作。
人员服务类	10	接到乘客求助,5分钟内未能赶赴现场,特殊情况除外	—	其他违反乘客服务标准及规章制度的行为,对乘客或公司造成重大损失
人员服务类	11	未及时加票加币或更换票箱,导致AFC设备长时间暂停服务	—	—
人员服务类	12	工具及物品未按规定位置摆放或摆放不正确	—	—
人员服务类	13	车站清洁卫生存在问题,且未在规定时间内清扫	—	—
人员服务类	14	其他违反乘客服务标准及规章制度的行为,尚未造成乘客或公司损失	—	—
设施设备类	15	进行设备维修时,未设置围挡隔离或警示标志但尚未对乘客造成损失	进行设备维修时,未设置围挡隔离或警示标志且对乘客造成轻微损失(由安全技术部协助定性、定责)	进行设备维修时,未设置围挡隔离或警示标志且对乘客造成重大损失(由安全技术部协助定性、定责)
设施设备类	16	工作人员操作设备有误但尚未对乘客造成损失	工作人员因设备操作有误而对乘客造成轻微损失(由安全技术部协助定性、定责)	工作人员因设备操作有误而造成乘客利益严重受损或给乘客带来较大不便(由安全技术部协助定性、定责)
设施设备类	17	—	因地铁服务设备设施责任故障,造成乘客利益轻微受损(由安全技术部协助定性、定责)	因地铁服务设备设施责任故障,造成乘客利益严重受损或给乘客带来较大不便(由安全技术部协助定性、定责)
设施设备类	18	—	设备发生故障后,工作人员未按规程及时报告给维修部门,影响故障修复	—
设施设备类	19	—	设备发生故障后,相关工作人员已及时通报给维修部门,维修人员未按规程在规定时间内(依照《分公司设施设备管理办法》执行)对设备进行修复且无合理解释	—
运营政策类	20	未按规定时间通知、下发上级部门的文件及领导批示,尚未造成乘客损失	未按规定时间通知、下发上级部门的文件及领导批示且对乘客造成轻微损失	未按规定时间通知、下发上级部门的文件及领导批示且对乘客造成重大损失
运营政策类	21	未按上级部门、总公司及分公司下发的文件和指令执行,尚未对乘客或公司造成损失	未按上级部门及领导下发的文件和指令执行,且对乘客造成轻微损失或对公司造成10元及以下经济损失	未按上级部门及领导下发的文件和指令执行,且对乘客造成重大损失或对公司造成10元以上经济损失

续上表

分类	序号	一级有责投诉	二级有责投诉	三级有责投诉
其他	22	—	同一月类似事项出现两次或以上一级有责投诉,第二件及其以上按二级有责处理	同一月类似事项出现两次或以上二级有责投诉,第二件及其以上按三级有责处理
	23	—	—	新闻媒体报道的有责投诉
	24	—	—	上级管理部门批示的有责投诉

第四节 乘客遗失物品处理

一、失物分类

失物按其金额大小、贵重程度、重要程度分为一般失物和特殊失物。一般失物包括普通衣物、日常用品、食物、书籍等;特殊失物包括合同/房产等机密重要文件/证件、现金、信(文)件、手机、DV机、电脑、贵重首饰、银行卡、证件、危险品、车票等。

二、失物处理程序

(一)失物的处理

1. 一般物品处理程序

(1)车站值班员与失物拾获人当面检查、核对失物,并详细填写《车站失物处理登记表》。

(2)车站失物接收人根据《车站失物处理登记表》填写《失物标签》,并粘贴在失物上。

(3)有联系资料的,及时通知乘客认领失物;无联系资料的,放置在收纳箱或带锁的箱子里,箱体上需张贴"乘客失物存放箱",专门存放乘客失物。

2. 食品与易腐物品的处理

(1)有包装的食品保管期限为48小时,如无人认领由车站自行处理。

(2)无包装的食品及易腐物品(如肉类、蔬菜等)保管至当日运营结束,如无人认领由车站自行处理。

(3)已穿过的衣服,保存期限为5天,如无人认领由车站自行处理。

(4)带吊牌未穿过的衣服,保存期限为30天,如无人认领由车站自行处理。

3. 特殊物品处理程序

(1)已付邮资的一般信件由车站代为投寄,其他信(文)件按一般失物处理。

（2）失物为现金，需拾获人与值班员及双人以上当面清点并按票务要求工字加封，信封上注明金额、加封人、拾获时间、拾获地点、加封日期。放入上锁的柜子，钥匙由当班行值负责保管，交接时如有破封，按票务要求执行（注：回收箱、点钞室、票务处、TVM 拾到现金按票务规定执行，其他地方拾获均按失物处理）。

（3）失物为银行卡、证件、房产证、手机、相机、手提电脑、DV 机等其他贵重物品，必须放入上锁的柜子，钥匙由当班行值负责保管（备用钥匙由中心站（副）站长或以上层级人员双人工字加封，保管在值班站长上锁文件柜或抽屉中）。

4. 危险品及违禁品

发现有枪支、弹药、汽油、硫酸等易燃、易爆、腐蚀、剧毒物品时，车站人员应立即填写《车站失物处理登记表》并将其移交地铁公安处理，司机接到乘客报告或发现列车上有无人认领的枪支、弹药、汽油、硫酸等易燃、易爆、腐蚀、剧毒物品时，应立即通知车站报 OCC 和地铁公安。

（二）失物认领

1. 认领程序

（1）由认领人提供失物名称、遗失地点、遗失时间，车站初步确认是否有相符物品。

（2）如有，则请认领人提供两项以上最能表现失物特征的证明，如特征相符，则由车站值班员双人以上共同确认并办理认领手续。

（3）认领人须凭本人身份证或其他有效身份证明办理领取手续，认领时要求认领人如实填写相关资料，并在《车站失物处理登记表》签名。

（4）现金、有价票据、手机、首饰等贵重物品的认领

车站拾获现金等贵重物品，若当日能及时找到失物乘客，则按认领程序办理认领手续，但需对失物乘客身份证或其他有效身份证明进行记录保存，认领时，《车站失物处理登记表》认领事项中的证明人必须是中心站（副）站长或值班站长。

2. 无人认领失物的处理

（1）车站无人认领失物的处理

对于车站无人认领的失物，车站值班站长负责归整，每月最后一周周末由值班员及以上人员将失物移交失物处理中心（人民路站），并在《车站失物处理登记表》上"移交"栏做好书面交接记录。

（2）失物处理中心无人认领失物的处理

①无人认领的地铁车票，每半年统计一次，填写《车站无人认领失物处理登记表》交调度票务中心，由调度票务中心进行处理。

②无人认领的银行卡、社保卡、合同/房产证等各种卡类失物或重要文件，每半年清理一次，填写《车站无人认领失物处理登记表》上交综合管理部，由综合管理部交还各发卡单位进行处理，若发卡单位不受理，由综合管理部统一将卡剪去一角进行作废处理。

③对于无人认领的普通证件、普通文件,每半年清理一次,由值班员会同中心站(副)站长或值班站长清理后处理,同时填写《车站无人认领失物处理登记表》,客运服务技术人员负责监督。

④其他无人认领的失物,每季清理一次,由失物处理中心按物品种类的不同进行划分,统计各类物品的数量,填写《车站无人认领失物处理登记表》交综合管理部,由综合管理部负责进行处理。

⑤对未保管至 6 个月就已霉、已腐或潮湿的物品,车站每月进行一次清理,填写《车站无人认领失物处理登记表》,由值班员及以上人员会同中心站(副)站长或值班站长清理后处理。

第五节 乘客伤亡事故管理办法

一、乘客伤亡事故定义

(1)乘客伤亡事故:凡在城市轨道交通范围内,因设备故障或在城市轨道交通列车运行和调车作业过程中,发生乘客及非在岗作业的员工伤残死亡,均列为乘客伤亡事故。

(2)乘客:指持城市轨道交通有效乘车凭证(如单程票、储值卡等)乘车的人员及按有关规定免费乘车的人员。

(3)乘客故意:指乘客在城市轨道交通范围内及运输过程中故意造成的意外事件,如伤害自己的身体或自杀行为等。

(4)乘客重大过失:指乘客对自己伤亡的发生存在严重的过失,如携带危险品、跳车、扒车、强行上下列车、抢行及搭乘自动扶梯时携带大件物品等。

(5)乘客自身健康原因:指乘客因患病、年老等生理机能的变化导致伤亡。

二、客伤处置原则

(1)维护公司形象原则。妥善处置客伤事件,维护公司形象,保证公司最大利益。

(2)积极救治原则。积极采取措施救治伤者,并尽人道主义给予乘客必要的帮助。

(3)层级负责制原则。各中心站、站务各室、部门逐级汇报、逐级处置、逐级把关,确保信息通报和反馈畅通,各层级对本层面的客伤处置负责。

(4)分级授权原则:

①分级处置。原则上,伤势轻微(处理费用 1000 元以下)的客伤案件由各中心站处理为主;伤势较轻(处理费用 1000 元以上 1500 元以下)由站务各室处理为主;伤势较重或群伤

(情况复杂,有必要由部门层面调动较多部门或协调相关单位联动方可妥善处置的客伤事件)由部门介入处理。

②客伤备用金使用权限。中心站级 1000 元以下（含 1000 元）；站务室级 1000 元以上 1500 元以下（含 1500 元）；部门级 1500 元以上 2000 元以下（含 2000 元）；2000 元以上须报安全技术部及相关接口单位备案、商榷。

三、客伤处理程序

（一）报告程序

发生乘客伤亡事件时,相关人员立即按程序报告（报告程序依照《运营信息管理实施细则》相关规定）。

(1) 在线路区间内,由司机报告行调,行调立即按照程序报告。
(2) 在车站内,由值班站长或值班员立即按照程序报告。
(3) 在车厂内,司机向车厂调度员报告,车厂调度员立即按照程序报告。

（二）车站发生客伤事件时相关汇报内容

(1) 受伤人数。含：姓名、年龄、性别、有无家人陪同等。
(2) 客伤位置。车站具体位置,如：××站站台 A 端上行电扶梯处发生客伤,通过 CCTV 观察乘客约在上行中部摔倒等。
(3) 受伤情况。含：伤口初步判断、是否流血、是否有明显伤痕等。
(4) 客伤起因。慎报原因,多报现象、相关设备运行情况、初步判断等。
(5) 采取措施。进行初步伤口处理,询问是否拨打 120 急救电话、是否已联系其家人、是否有目击证人、现场是否取证、乘客是否提出索赔、是否已通知车站公安等。
(6) 遇到的困难。

（三）处置程序

站务员行动指引,见表 10-3。

站务员行动指引表　　　　　　　表 10-3

站务员	(1) 发现乘客伤亡事件应立即报车控室,并进行先期处理,如按压紧急停车按钮、安抚乘客等 (2) 疏散围观乘客,协助寻找两名及以上目击证人,记录证人有关资料,以便协助调查 (3) 设置隔离带,保护好现场 (4) 需要时,对乘客外伤进行简单救护 (5) 听从行车值班员安排到紧急出入口接应急救人员,引导其到达现场 (6) 协助事故调查

四、客伤预防

（一）扶梯防范要求

（1）开启扶梯及巡站时，检查扶梯安全合格证、警示标志是否齐全、完好。

（2）检查扶梯梯级上有没有积水或容易引发客伤的异状，及时采取防护措施。

（3）检查扶梯是否有异物阻碍正常运行或发生异响，发现异常情况，及时停梯并报相关部门维修。

（4）发现乘客未正确使用扶梯时，及时提醒或劝止。

（5）注意扶梯与其他建筑物的夹角位置，及时采取措施。

（6）站台、站厅、边门值守人员密切关注老人或小孩及其他行动不便人员，及时指引其乘坐垂梯或提供其他必要帮助。

（二）屏蔽门/车门防范要求

（1）站台候车拥挤时，及时引导候车乘客在相对人少的地方候车，并及时加派人员到站台协助，防止抢上抢下。

（2）列车停靠站台开关门作业时，注意站台乘客动态，谨防踩空，跌落列车与站台空隙发生意外。

（3）站台保安的站位应安排在两边楼扶梯口，及时提醒乘客切勿奔跑，注意安全。

（4）客流高峰期间，行值需密切监控站台乘客状态，必要时，可采用人工方式播放关门警示广播。

（三）公共区域及洗手间防范要求

（1）各岗位随时留意车站公共区域及公共洗手间地面，发现积水和易造成滑倒物品时，须立即采取防护措施（尽可能留守或设置"小心地滑"牌）并安排人员保洁人员处理。

（2）雨天时，应及时在出入口、通道及楼梯等易发生乘客滑倒地点或客流量较大的地段，按要求铺上防滑垫、摆放"小心地滑"牌，并安排人员加强巡查和清扫积水。

（3）加大频率播放下雨地面湿滑的安全提示广播。

（四）日常管理要求

（1）运营期间，保洁人员临时湿拖地板必须在工作范围内明显位置摆放"小心地滑"牌做好防护后，方可进行。

（2）保洁人员夜间湿拖地板的作业，不得在运营时间进行。

（3）运营期间任何施工作业，必须做好防护隔离，避免施工工具、垃圾越过隔离区域；施工完毕必须立即清理现场。

（4）加强药箱管理，及时申请补充药品，对于过期药品及时报废处理；加强员工自身防护，处理乘客伤口应使用医用手套和口罩。

（5）做好公共区客伤安全隐患排查，及时采取防范措施。编制《车站客伤易发点明细表》并按要求落实巡查。

第六节 案 例 学 习

客伤案例学习

案例一

2014年2月15日21:00，一名醉酒乘客王先生在其妻子购票时倚靠伸缩栏杆摔倒，导致其右脚脚踝骨折，保安发现后立即报车控室。21:01值站和客值赶赴现场，将乘客扶起，其妻子多次催促赶快离开车站，该乘客不愿离开，值站让保安拿来椅子，让乘客在TVM旁坐下。21:07客值携带药箱来到事发地点，其妻子为其涂抹红花油。21:09乘客因为醉酒和脚痛，要求继续休息，并提出要去医院检查。21:10行值将此情况报站长、生产调度、客服中心岗、地铁公安，保险公司田浩杰。21:20在行值报告期间值站向乘客解释隔离栏杆不能依靠，并询问乘客有需要我们可以帮您拨打120，21:30地铁公安到达现场，向扭伤乘客询问事情经过并记录，22:50站长到达现场了解情况后陪同去医院，工作人员将伤者用担架抬上去。

事件分析：

（一）直接原因和主要原因

受伤乘客购票期间已明显饮酒，故将作为临时购票引导的伸缩栏杆当成柱子依靠，乘客正常判断已经受到酒精影响，从而导致其摔倒，造成脚踝骨折，这也是造成该起事件的直接原因和主要原因。

（二）次要原因

事发当日（2月15日），会展中心站附近举办有大型活动，并且还是周末，饮酒乘客较多。车站伸缩栏杆为临时引导乘客排队购票所用，故未在地面固定，因位置移动造成乘客摔伤，也是导致乘客受伤的次要原因。

（三）处理过程暴露出的问题

（1）保安接到有乘客摔倒后，双手插在上衣口袋走到现场，表现较为冷淡，安全意识淡薄。

(2)保安汇报客伤地点位置不明确,其汇报为:C口有一乘客摔倒,实际地点应为售票机处。

(3)值站、客值到现场后,未第一时间拍照取证,寻找目击证人。

(4)客值在处理客伤与乘客对话期间存在手插口袋,服务意识不强。

(5)值站在客伤事件处理过程中,未及时将相关负责人电话告知乘客,错过处理最佳时机。

(四)整改措施

(1)加强车站员工、保安的服务培训,提高安全意识,做到及时发现、及时汇报、及时处理。

(2)车站如遇客伤事件,及时按客伤处理程序及各岗位行动指引执行。

(3)各站加强客伤培训,提高全员的处理技巧,做到忙而不乱,忙而有序,忙而有效。

(4)如乘客要求车站人员陪同去医院检查,车站应婉言拒绝,并做好解释工作,如强烈要求陪同则应及时上报,避免将相关负责人联系方式告知乘客。

(5)及时将乘客引导到人少的地方处理,隔离现场,及时疏散围观乘客。

案例二

14:23 保洁正在扶梯旁的楼梯打扫卫生,听到小孩的痛哭声,立即到现场,扶住乘客的胳膊,乘客躺倒在站厅A端电扶梯盖板处,随同的有她的孙子和孙女。同时,车站边门保安发现后立即按压紧停,14:24 客服中心岗报车控室,有乘客摔倒,14:25 值站收到通知后携带录音笔,照相机立即赶往现场,同时询问站台岗乘客的位置,通知客值带上药箱赶去现场。14:26 值站安抚乘客并询问是否需要120,乘客没有回复只是说家人马上过来,14:26 车站找到目击证人,但目击者称:并未发现老人家是如何摔倒的,只看到她躺在电扶梯盖板上。14:27 表面上看乘客没有外伤,由于无法判断伤势,乘客又躺在地上无法站起,值站怕乘客摔伤受到影响,立即通知行值拨打120,安排一名站务员在D口接应医护人员。14:28 行值报站务室生产调度、保险公司、行调,14:33 行值报站长,14:45 值站、客值和一名站务员随同省三院医护人员护送乘客至D口出入口,记录乘客电话。14:47 乘客家属要求车站工作人员陪同前往,车站人员称在当班期间将车站电话留给乘客,有事可以打电话联系。乘客记下电话后离开。

事件分析:

(一)直接原因和主要原因

一名乘客携带2名儿童(一名2岁左右的女孩和一名8岁左右的男孩)搭乘电扶梯时未及时照顾好儿童,并且小男孩还在上行电扶梯逆向行走玩耍,受伤乘客张女士(女,50岁左右)穿5cm左右高跟靴,在弯腰搀扶小女孩时失去重心导致其摔倒在电扶梯上造成脊柱骨折,是造成该起事件的直接原因和主要原因。

(二)次要原因

站台岗在接发列车时,未及时发现老人携带2名儿童搭乘扶梯的情况,并且其中一名儿童还在电扶梯上玩耍,从而导致乘客在搭乘扶梯时因照顾儿童,摔倒造成脊柱骨折,也是造成该起事件的次要原因。

(三)处理过程暴露出的问题

(1)部分员工的安全意识薄弱、责任心不强,未对运营安全重点对象(老、幼、行动不便人士等)监控,缺乏足够的警惕性。

(2)电扶梯发生客伤后,未及时通知电扶梯厂家到现场确认扶梯是否存在问题。

(3)未及时了解儿童购票情况,掌握乘客信息。

(四)整改措施

(1)车站如遇客伤事件,及时按客伤处理程序及各岗位行动指引执行。

(2)各站加强客伤培训,提高全员的处理技巧,做到忙而不乱,忙而有序,忙而有效。

(3)如乘客伤势较轻可以行走,则护送其离开,如要求休息可陪护伤者到车站会议室休息安抚或包扎上药,如伤者需要可协助拨打120急救电话。

(4)如乘客要求车站人员陪同去医院检查时,车站应婉言拒绝,并做好解释工作,如强烈要求陪同则应及时上报。

第五篇 安 全 篇

第十一章　站务安全管理

岗位应知应会

1. 了解员工通用安全守则。
2. 熟悉办公、生产场所安全守则。
3. 精通运营事故分类及责任划分。

重难点

重点：通用安全守则相关内容。
难点：运营事故的分类与责任划分。

第一节　通用安全守则

在城市轨道交通公司和运营分公司安全生产委员会的领导下，开展运营安全生产工作，按照"谁主管、谁负责"和"网络化、细分化"的原则，建立安全管理网络，实行分级管理，逐级负责，全员逐级签订安全责任状。

一、四不放过

事故原因没有查清不放过，事故责任者没有严肃处理处理不放过，广大职工没有受到教育不放过，防范措施未落实到位不放过。

二、五注意

（1）注意警示标志，谨防意外。
（2）注意扶梯运作，谨防夹伤。
（3）注意地面积水、积油，谨防滑倒。
（4）注意高空坠物，谨防砸伤。
（5）注意设备异常现象，及时发现，及时排除，谨防酿成事故。

三、六必须

（1）必须坚守岗位，遵章守纪。

（2）必须按规定正确使用劳保用品。
（3）跨越线路必须一站、二看、三通过。
（4）施工前做好防护，施工后必须清理现场，出清线路。
（5）堆放物品必须整齐稳固。
（6）发现违章操作，必须坚决制止。

四、七不准

（1）不准在线路附近舞动绿色、黄色、红色物品。
（2）不准在站台边缘与安全线之间坐卧、行走、堆放物品。
（3）不准发出违章指令。
（4）不准在行车场所追逐打闹、打架斗殴。
（5）不准使用有安全隐患的工具、设备。
（6）不准臆测行事。
（7）不准当班时饮酒、看报纸杂志、聊天和打盹等。

五、八严禁

（1）严禁擅自跳下站台和进入隧道。
（2）严禁携带易燃、易爆、剧毒等危险物品进站、乘车。
（3）严禁上下行驶中的车辆。
（4）严禁擅自进入行车部位和重要设备场所。
（5）严禁擅自触动任何设备、设施。
（6）严禁攀登到机车、车辆和车载货物顶部。
（7）严禁擅自移动、改换防护装置、警示标志。
（8）严禁走道心、枕木头、脚踏轨面和道岔尖轨。

第二节　运营事故（事件）分类及责任划分

一、运营事故分类

郑州市轨道交通有限公司运营分公司运营事故（事件）按照事故（事件）的性质、损失及对运营造成的影响,分为特别重大事故、重大事故、较大事故、一般事故、一般事件五类。具体见《地铁运营事故(事件)调查处理规则》。

二、运营事故(事件)责任划分

全部责任:负有事故损失及不良影响 100% 责任。

主要责任:负有事故损失及不良影响 60% 至 90% 责任。

次要责任:负有事故损失及不良影响 30% 至 40% 责任。

同等责任:各方均负有事故损失及其不良影响的相同成分的责任。

一定责任:负有事故损失及不良影响 10% 至 20% 责任。

管理责任:根据事故(事件)性质承担。

造成事故(事件)的全部原因为分公司外部单位或人员,则分公司相关部门定为无责任,该件事故(事件)统计为其他事故(事件)

第十二章　安全案例学习

> **岗位应知应会**
>
> 1. 学习安全案例事情经过。
> 2. 学习分析及整改措施,吸取经验教训。
>
> **重难点**
>
> 重点:安全案例的学习。
> 难点:安全案例整改措施。

第一节　安全典型案例

4月30日乌鲁木齐火车南站爆炸事件

(一)事件经过

2014年4月30日19时10分,成都至乌鲁木齐K453次列车到达乌鲁木齐火车南站时,暴徒在乌鲁木齐火车南站出站口接人处持刀砍杀群众,同时引爆爆炸装置(图12-1),造成3人死亡,79人受伤,其中4人重伤(无生命危险)。

5月1日下午,经警方连夜全力侦查,乌鲁木齐火车南站爆炸案告破,已查明这是一起暴力恐怖性质的爆炸袭击案件。色地尔丁·沙吾提(男,39岁,阿克苏沙雅县人)等两名犯罪嫌疑人长期受宗教极端思想影响,参与宗教极端活动,于4月30日19时10分许,在乌鲁木齐火车南站出站口接人处施爆。案件造成3人死亡,其中1名系无辜群众,2名犯罪嫌疑人当场被炸死。

图12-1　爆炸现场

(二)分析及措施

(1)车站人员要加大巡视检查力度,值班站长及厅巡(票亭岗)错开巡视时间,加大对出入口、公共区的巡视力度,严禁巡视流于形式,严禁对存在的安全隐患视而不见,遇可疑人员和物品及时联系驻站民警和公安,确保安全。

(2)车站安检人员必须确保至少双人在岗,一人盯机,一人引导乘客安检,对乘客物品做到"逢包必检",发现可疑物品和人员及时处理。

(3)各站要高度重视,加强对设备区、管理用房的检查力度,严禁"易燃、易爆、危险物品"在车站留存过夜,确保运营安全。

(4)各站切实加强对员工安全意识教育,组织全体员工认真学习恐怖袭击应急处理程序和案例,汲取教训。

第二节 行车安全案例

一、莫斯科地铁脱轨事件

(一)事件经过

俄罗斯2014年15日早高峰时段,莫斯科蓝线地铁"斯拉夫林荫路站"和"胜利公园站"区间发生列车脱轨事件,一列车在距离"胜利公园"站约200米处因紧急制动导致脱轨,事件共造成3节车厢脱轨,包括列车司机在内至少21人死亡,150人受伤。如图12-2、图12-3所示。

图12-2 脱轨现场图

图12-3 现场伤员

事发后莫斯科地铁"深蓝线"已全线停运,共有1150名乘客被紧急疏散(图12-4),交通限行持续至晚上22时,当局派出150辆巴士在库图佐夫大街转运乘客,胜利公园地铁站是莫斯科最深的地铁站之一,深入地下84米,令救援工作尤为艰难。

有关事故的原因仍然没有定论,俄罗斯紧急情况部此前称,电压中断和信号设备工作失灵是引起紧急刹车主要原因。"地铁站之间的区间段由于电压急剧下降造成地铁警报误报,导致电气列车紧急停车"。

但事故调查委员会发言人马克金则对媒体表示,电压不稳并非是事故原因,调查人员现在正在调查列车车厢故障或者路基下沉是否是造成事故的原因。

图 12-4　现场疏散

(二)分析及措施

(1)车站各行车关键岗位人员应遵守两纪一化,做好列车运行的监控和记点工作,严格执行标准化作业,严禁简化作业流程,杜绝违章操作。

(2)车站运营前认真检查设备状态,发现问题及时上报。

(3)涉及行车的关键设备发生故障后,车站员工应第一时间上报并填写相关台账,做好现场安全防护,避免因设备状态不良发生乘客伤亡事件。

(4)加强员工乘客对疏散应急处理程序的学习,提高员工应急处理能力。

二、其他事故

(一)某市轨道交通 1 号线万寿路站一男子坠轨

某日 9 点 40 分许,某市轨道交通 1 号线苹果园往四惠东方向万寿路站,一名男性乘客坠轨被救出。乘客被救出时身上有伤,头上有很多血迹。从男性坠轨到双方向恢复通车,时间不到 15 分钟。

当时列车进站不到一半就停了下来,工作人员使用梯子等专业工具正在对坠轨男子施救。四五分钟后,坠轨男子被救上来,然后被工作人员用担架抬出。坠轨男子半坐在担架上,并没有生命危险(图 12-5、图 12-6)。

图 12-5　发生乘客坠轨现场

图 12-6　现场工作人员开展救援

（二）某市轨道交通列车撞死一男子，停运两个多小时后恢复运营

某日晚 8 点 11 分，某市轨道交通 1 号线一列列车行驶在晓东村到珥季路下行轨行区间时，与一名男子相撞，该男子经抢救无效死亡，这一突发情况，造成珥季路站至星耀路站下行运营暂时中断（图 12-7～图 12-9）。当晚 11 点，当地新闻办通报，该事故原因公安机关正在调查中，城市轨道交通列车已恢复运营。

图 12-7 抢救现场图

图 12-8 站外情况

图 12-9 站内现场图

某大学一名学生告诉记者，晚上 8 点她乘坐地铁从白云路站上车，坐到福德路站时，突然安保人员过来告诉大家，地铁出现技术障碍，要求所有乘客全部下车。出地铁站时，该名乘客还看到很多安保人员叮嘱大家有序出站。"后来我和同学只有到地铁站门口，以每人 30 元的价格，坐黑车回学校。当时连电动车都涨价了，要 100 元一个人。"来自同一所大学的另一名学生也受到地铁停运影响，虽然买了票，但直到晚上 9 点半，也没坐上车，随后还接到无法乘坐的通知，幸亏地铁公司给他退了票。

（三）某地铁两起人员进入线路事件

某日 9 时 10 分许，5 号线因人员进入线路，导致东川路至华宁路区段列车限速运行（图 12-10）。

无独有偶，相同情况在短短 1 个小时后再次发生。10 时 20 分许，3 号线也因有人在曹杨路站进入线路而延误。所幸两人都被及时带离，未造成严重后果。

（四）分析及措施

图 12-10 现场照片

吸取国内同行经验教训，举一反三，为防止同类事件发生，相关岗位工作须按以下要求严格执行。

（1）站务中心全员进/出端墙门，需反推/拉确认端门锁闭。

（2）各站应加强端门管理，进出端门须严格按照车站进出端门管理相关要求执行，严禁未登记或未经车控室同意进入端门。

（3）站台岗应加强巡视及站台安全管理，如有巡检或施工人员进入端门，需报车控室核对无误后方可开门，人员进入端门后需确认端门是否处于锁闭状态，防止未锁闭导致乘客进入轨行区或列车进出站风压过大造成端门破裂情况。

（4）电客车司机在正线运行时加强监控，尤其是列车经过车厂出、入洞口及弯道处，如发现异常，应立即采取措施。

（5）列车对标停车超过开门允许范围，严禁打开车门、屏蔽门。

（6）降级情况下开门，司机严格执行开门作业程序，防止误开车门。

（7）有登乘人员登乘电客车时，司机严格按照登乘管理规定核对登乘人员身份。

第十三章　消防设备

> **岗位应知应会**
>
> 1. 了解消防设备的组成。
> 2. 熟悉消防设备的使用方法。
> 3. 精通使用消防设备。
>
> **重难点**
>
> 重点：消防设备的使用。
> 难点：消防设备的使用。

第一节　消　火　栓

一、消火栓组成及图例介绍

消火栓主要有消防卷盘、消防水带、直流水枪、消火栓按钮、水带接口等组成。如图 13-1 所示。

图 13-1　消火栓组成

二、消火栓的灭火流程

（1）消火栓灭火时应压碎消火栓按钮玻璃，由 FAS 打开灭火区域供水电动蝶阀或开启消防泵，蝶阀打开或消防泵开启后应有信号反馈，指示灯亮表示已经打开和消防水泵已开启。

（2）消火栓出口压力在 3～4kgf/cm²，开启消火栓阀门时必须缓慢进行，不可瞬间打开，必须有两个及以上人员进行操作。

（3）操作前的准备工作：检查需灭火区域是否有障碍物堵挡，如有应清理。

三、消火栓的使用

（一）消防软管卷盘的使用

如图 13-2 所示。
（1）打开消防箱箱门。
（2）将软管卷盘转到 90 度的位置，拉出软管至着火地点。
（3）甲打开消防软管上的水枪阀门，准备就绪后通知守候在消防箱边的乙。
（4）乙打开卷盘上的控制阀门进行供水。
（5）灭火完毕，应将供水控制阀门关闭，将软管内的余水排净，再关闭水枪阀门。

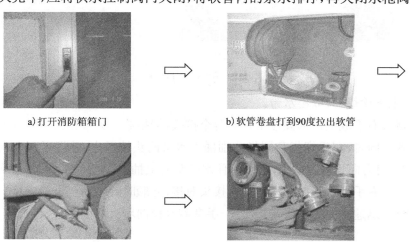

a）打开消防箱箱门　　b）软管卷盘打到90度拉出软管

c）打开软管上的枪　　d）打开控制阀门，灭火完毕，关闭控制阀门

图 13-2　消防软管操作步骤

（二）消火栓的操作步骤

如图 13-3 所示。

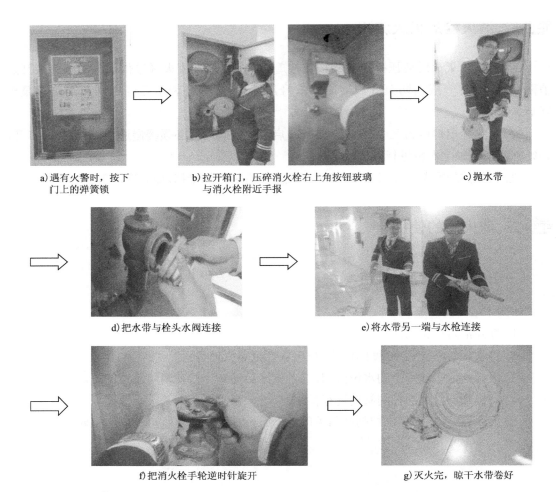

图 13-3　消火栓操作步骤

（1）打开消火栓箱门，取出水带。

（2）抛水带：右手成虎口形握住水带的两个接头，拇指第一关节扣压水带内圈，其他四指扣压水带外圈。同时，左手拇指和四指分别插入水带两头接口内，并握紧两个水带头，两手协力托住水带，用力向正前方抛出，左手握住水带头向上抽拉，使水带向正前方摊开。

（3）接水带：右手将水带接头与消火栓接头对接，并顺时针转动至卡紧为止。

（4）接水枪：迅速拿起另一水带接头，一手拿着水枪向着火部位冲去，将水枪头接上水带接口。

（5）一人握紧水枪，另一人需缓慢打开消火栓，在完全打开消火栓后，立即跑至水枪处协助灭火，把持水枪。

（6）观察水枪出口压力情况。如果压力满足不了灭火要求，应马上通知消防水车加压供水。

（7）射水时，采取包围灭火战术阻火势和烟雾，使其向四周扩散，以便有效地控制火灾。

(三)注意事项

(1)电器起火要确定切断电源。
(2)向火场方向铺设水带,避免扭折。
(3)注意火场与消火栓距离,车站内消防水带和消防软管均为25米。
(4)消防水带用于扑灭大火,消防软管卷盘用于扑灭初期火灾。

第二节 灭 火 器

一、灭火器的简介

灭火器是一种轻便的灭火器材,是扑救初起火灾最常用的灭火设备,内放置化学物品,不同种类的灭火筒内装填的成分不一样,是专为不同的火警而设,使用时必须注意以免产生反效果引起危险。灭火器种类较多,在地铁范围内使用主要有干粉灭火器、二氧化碳(CO_2)灭火器两种。车站的干粉灭火器为5kg装的干粉灭火器,型号为:MFZL4,可灭 ABC 类火灾,灭火有效距离为3～4m。其中 A 类火灾指普通固体可燃物燃烧引起的火灾;B 类火灾指油脂及一切可燃液体燃烧引起的火灾;C 类火灾指可燃气体燃烧引起的火灾,而二氧化碳(CO_2)灭火器为3kg装,型号为MT3,适用于扑救600伏以下的带电电器、贵重设备、图书资料、仪器仪表等场所的初起火灾。

二、灭火器的维修与报废期限

灭火器的维修与报废期限见表13-1。

灭火器的维修与报废期限表　　　　　　表13-1

灭火器类型		维 修 期 限	报废期限(年)
干粉灭火器	手提式(贮压式)干粉灭火器	出厂期满5年; 首次维修以后每满2年	10
	手提式(储气瓶式)干粉灭火器		
	推车式(贮压式)干粉灭火器		
	推车式(储气瓶式)干粉灭火器		
二氧化碳灭火器	手提式二氧化碳灭火器		12
	推车式二氧化碳灭火器		

三、灭火器的组成

灭火器由喷嘴、软管、压把、保险栓(保险销)、压力表、筒身组成,如图13-4所示。

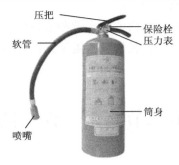

图13-4 灭火器组成

四、灭火器的使用

(一)干粉灭火器的使用

干粉灭火器的操作方法如图13-5所示。

a)检查灭火器的状态是否完好　　b)提灭火器至距火源3~4米处,上下颠倒几次　　c)除掉铅封

d)拔掉保险销　　e)压下压把,喷管对准火源根部左右摆动

图13-5 干粉灭火器的操作方法

注意:在使用灭火器灭火时,必须站在上风向,由近及远依次灭火

(二)二氧化碳(CO_2)灭火器的使用

在使用时,应首先将灭火器提到起火地点,放下灭火器,拔出保险销,一只手握住喇叭筒

根部的手柄,另一只手紧握启闭阀的压把。对没有喷射软管的二氧化碳灭火器,如图13-6所示,应把喇叭筒往上扳70°~90°。使用时,不能直接用手抓住喇叭筒外壁或金属连接管,防止手被冻伤。使用时,灭火器不能倒置。

五、灭火器的检查

为保持灭火器的良好状态,在日常检查中应注意以下几项:

(1)检查外观是否完好,瓶体有无腐蚀,铅封是否完好。

(2)压力是否正常(压力表指针指向绿色区域,说明灭火器处于正常状态;压力表指针指向红色区域,表示压力不够,说明需要补充驱动气体;压力表指针指向黄色区域,说明罐体内压力偏高,应进行维护,但不影响使用)。

图13-6 二氧化碳(CO_2)灭火器

(3)喷嘴是否掉落。

(4)软管是否开裂。

(5)是否在有效期内。

(6)其他零部件损坏的情况。

(7)二氧化碳灭火器要检查灭火器钢瓶内二氧化碳的存量,如果重量减5%时,应及时补充罐装。

操作过程如图13-7所示。

a)检查外观是否完好,铅封是否完好

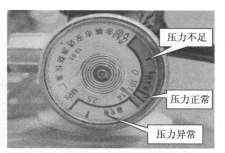

b)检查压力是否正常

c)检查喷嘴是否正常,软管是否开裂

d)检查是否在有效期内,其他部件是否正常

图13-7 灭火器的检查

第三节　自救式呼吸器

一、消防过滤式自救呼吸器

(一)用途介绍

本呼吸器是宾馆、办公楼、商场、银行、轮船、邮电、电力、电信、地铁、娱乐场所、炼油、化工等企事业单位发生火灾事故时，必备的个人防护呼吸保护装置。

(二)主要技术特征

(1)防毒时间：60 型 ≥ 60min，防毒、防火、防热辐射、防烟多种保护，密封性好，适用于成年人各种面形。
(2)防护对象：一氧化碳(CO)、氰化氢(HCN)、毒烟、毒雾。
(3)油雾透过系数＜ 5%。
(4)吸气阻力＜ 800Pa，呼气阻力＜ 300Pa。

(三)使用方法

消防过滤式自救呼吸器使用方法如图 13-8 所示。

(四)注意事项

(1)本产品仅供一次性使用，不能用于工作保护，只供个人逃生自救。
(2)产品备用状态时：环境温度应为 0℃～ 40℃，周边无热源，易燃、易爆及腐蚀性物品，通风应良好，无雨淋及潮气侵蚀。
(3)本呼吸器为存放型，一旦固定存放后，不能随意搬动，敲击，拆装，以免引起意外无效。
(4)本呼吸器不能在氧气浓度低于 17% 的环境中使用。
(5)本呼吸器只供成年人佩戴逃生用。
(6)撕破真空包装袋，视为呼吸器已失效不能再使用。

二、正压式空气呼吸器

(一)定义

正压式消防空气呼吸器是一种自给开放式消防空气呼吸器，主要适用于消防、化工、船舱、石油、冶炼、厂矿、实验室等处,使消防员或抢险救护人员能够在充满浓烟、毒气、蒸汽或缺氧的恶劣环境下安全地进行灭火、抢险救灾和救护工作。

a) 检查呼吸器的有效期　　　　　　b) 打开盒盖,取出真空包装袋

c) 撕开真空包装袋,拔掉前后两个罐塞

d) 戴上头罩,拉紧头带

图 13-8　自救式呼吸器使用方法

(二)使用范围

(1)有毒,有害气体环境。

(2)烟雾,粉尘环境。

(3)空气中悬浮有害物质污染物。

(4)空气氧气含量较低,人不能正常呼吸。

(5)消防员或抢险救护人员在浓烟、毒气、蒸汽或缺氧等各种环境下安全有效地进行灭火,抢险救灾和救护工作。

(6)用于消防、化工、船舶、石油、冶炼、仓库、试验室、矿山。

(三)结构及组成

型号 RHZK6/30 含义如下:R 为消防员个人装备代号,H 为产品类别代号(H 为呼吸器),ZK 为特征代号(Z 为正压式,K 为空气),6 为气瓶容积参数,30 为气瓶公称工作压力参数(MPa)。由气瓶和瓶阀组、减压器组件、报警哨、供气阀、面罩、压力表等组成。

(四)仪器的佩戴和使用

1. 背戴气瓶

将气瓶阀向下背上气瓶,通过拉肩带上的自由端,调节气瓶的上下位置和松紧,直到感觉舒适为止。

2. 扣紧腰带

将腰带公扣插入母扣内,然后将左右两侧的伸缩带向后拉紧,确保扣牢。如图 13-9 所示。

图 13-9　正压式空气呼吸器的使用

3. 佩戴面罩

将面罩的上五根带子放到最松,把面罩置于使用者脸上,然后将头带从头部的上前方向后下方拉下,由上向下将面罩戴在头上。调整面罩位置,使下巴进入面罩下面凹形内,先收紧下端的两根颈带,然后收紧上端的两根头带及顶带,如果感觉不适,可调节头带松紧,如图 13-10 所示。

4. 面罩密封

用手按住面罩接口处,通过吸气检查面罩密封是否良好。做深呼吸,此时面罩两侧应向人体面部移动,人体感觉呼吸困难,说明面罩气密良好,否则再收紧头带或重新佩戴面罩。

5. 装供气阀

将供气阀上的接口对准面罩插口，用力往上推，当听到咔嚓声时，安装完毕，如图 13-11 所示。

图 13-10　正压式空气呼吸器的使用　　　图 13-11　正压式呼吸器的使用

6. 检查仪器性能

完全打开气瓶阀，此时，指针经过 0～5MPa，应能听到报警哨短促的报警声，否则，报警哨失灵或者气瓶内无气。同时观察压力表读数。气瓶压力应不小于 28MPa，通过几次深呼吸检查供气阀性能，呼气和吸气都应舒畅、无不适感觉。

7. 注意事项

（1）正确佩戴面具，检查合格即可使用，面罩必须保证密封，面罩与皮肤之间无头发或胡须等，确保面罩密封。

（2）供气阀要与面罩按口黏合牢固。

（3）使用过程中要注意报警器发出的报警信号，听到报警信号后应立即撤离现场。

第四节　消防备品柜

一、消防备品柜内的装备

消防备品柜的装备包括：消防头盔 2 顶、消防过滤式自救呼吸器 2 个，毛巾 200 条，防爆手电筒 2 支，消防战斗服 2 件，消防手套 2 双，消防腰斧 2 把，插孔式消防电话 2 台，消防靴 2 双，消防腰带 2 条，消防毯 2 张，多功能水枪头 1 个，防火导向绳 1 条，消防板斧 1 个。如图 13-12 所示。

图 13-12　自救式呼吸器使用方法

二、消防备品柜内装备功能介绍

（一）过滤式自救呼吸器

过滤式自救呼吸器如图 13-13 所示。

（二）消防头盔

消防头盔用于保护消防员自身的头部、颈部免受坠落物的冲击和穿透以及热辐射、火焰、电击和侧向挤压等伤害。目前装备都有面罩和披肩装置。如图 13-14 所示。

图 13-13　过滤式自救呼吸器

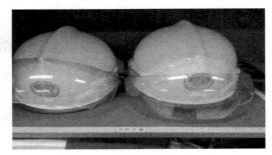

图 13-14　消防头盔

（三）消防战斗服

消防战斗服具备一定的防水和防火功能，但只能适用于一般的火场，不能在强辐射区或火焰区使用,不可当作隔热服使用。如图 13-15 所示。

(四)消防靴

消防靴具有一定的绝缘性能,同时具有一定的防穿刺,防滑性能,供消防员平时训练和灭火战斗穿着,用以保护消防员的足部和小腿部,使之免受伤害。如图 13-16 所示。

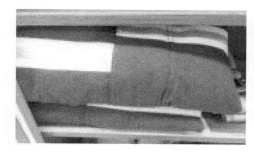

图 13-15　消防战斗服

图 13-16　消防靴

(五)消防手套

消防手套用于保护消防员手部,使其免受高温、摩擦、碰撞等伤害。它是按照消防作业的特点而设计制造的,具有穿戴柔软舒适,耐磨性强,防水性能良好等优点,适合消防员在训练和灭火战斗中使用。如图 13-17 所示。

(六)防火导向绳

防火导向绳主要用作消防员个人携带的一种救人或自救工具,也可以用于运送消防施救器材,还可以在火情侦察时作标绳用。因火灾造成大面积烟雾时,还可以用于被困人员顺绳逃生。如图 13-18 所示。

图 13-17　消防手套

图 13-18　防火导向绳

(七)消防板斧

消防板斧具有一定的抗冲击性能、抗拉离性能、平刃砍断性能。主要用于火场破拆障碍物。如图 13-19 所示。

（八）消防腰斧

救援手工具，集锹，斧，锤，撬，锯等功能为一体的便携式手动工具。其能在火场、灾场（破门、破窗、破板及地震、倒塌、车辆等事故）等各种特殊场合使用，进行抢险救援工作，能很好解决各种各样救援难题，是抢险救灾的破拆、救助工具之一，也是野外活动生存时的必备工具。如图 13-20 所示。

图 13-19　消防板斧

图 13-20　消防腰斧

（九）消防毯

消防毯（灭火毯）是由玻璃纤维等材料经过特殊处理编织而成的织物，能起到隔离热源及火焰的作用，可用于扑灭油锅火或者披覆在身上逃生。如图 13-21 所示。

（十）消防腰带

消防腰带必须与安全钩、安全绳配合使用。安全带围于消防人员的腰部，带上有两个半圆环上，可用于登高作业。如两个半圆环上各挂一只安全钩，就能在消防人员吊上或吊下时起到平衡作用。消防腰带是消防人员登高安全保护的可靠装备，亦可作为其他部门的劳保安全带用。如图 13-22 所示。

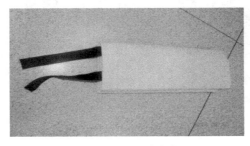

图 13-21　消防毯

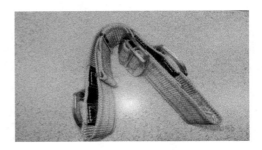

图 13-22　消防腰带

（十一）消防毛巾

消防毛巾是在发生火灾的时候用的，拿起消防毛巾把它浸湿，捂住口鼻逃生。如图

13-23 所示。

（十二）多功能水枪头

多功能水枪是消防水枪根据射流形式和特征不同分类的其中一种。其既可以喷射直流射流，又可喷射雾状射流，有的还可以喷射水幕，并且几种水流可以互相转换，组合使用，机动性能好，对火场适应性好。如图 13-24 所示。

图 13-23　消防毛巾

图 13-24　多功能水枪头

第五节　消防电话操作

一、消防电话系统简介

消防电话系统适用于建筑内发生火灾或紧急情况时的通信、调度。当应用现场出现紧急情况时，现场人员通过本系统快速与车控室取得联系，车控室值班人员可通过消防电话进行现场调度指挥，快速疏散人员。

二、基本性能

（1）消防电话分机摘机或插孔式消防电话分机插入消防电话插孔中可直接呼叫总机。总机可通过地址操作与多部分机呼叫和通话。总机自动记录呼叫或通话情况，通话时自动录音。总机具有电话线路断路故障判断能力，并有声光故障报警。

（2）车站内设有两种消防火警电话，一种是挂壁式火警电话，另一种是插孔式火警电话。

三、使用方法

（一）主机拨分机

主机拨分机操作流程如图 13-25 所示。

a) 拿起话筒　　　　　　b) 拨相应分机的地址码，按压确认或者拨通键"📞"

c) 摘下分机话筒进行通话，通话结束，挂上分机话筒　　　　d) 挂上主机话筒，通话结束，或输入分机地址码并按"✂"键

图 13-25　主机拨分机

（二）分机拨主机

分机拨主机操作流程如图 13-26 所示。

a) 摘下分机话筒　　　b) 主机上会发出声响，"呼叫"指示灯点亮。　　　c) 主机摘下话筒，按下"📞"接听键接通电话。

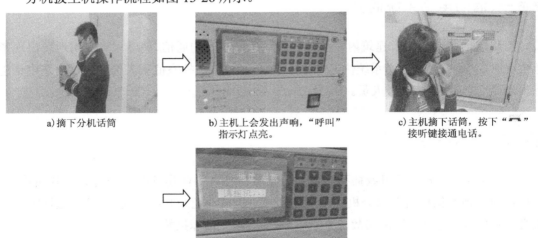

d) 挂上分机话筒和主机话筒或者输入分机地址码并按"✂"键

图 13-26　分机拨主机

第十四章　突发事件应急处理

> **岗位应知应会**
>
> 1. 掌握在突发事件下员工处置的技能。
> 2. 了解地铁相关突发事件。
> 3. 熟悉地铁突发事件处理原则。
> 4. 精通各类突发事件的处理程序。
>
> **重难点**
>
> 突发事件的处理程序。

一、地铁突发事件处理应遵循的原则

（1）发生设备故障和影响地铁运营事件时，应按"先通后复"的原则处理。

（2）应坚持"先救人，后救物；先全面，后局部"的原则，优先组织人员疏散、伤员抢救，同时兼顾重点设备和环境的防护，将损失降至最低。

（3）发生设备故障时，应及时上报相关部门调度，并做好记录；发生突发事件时，应及时上报并处理，事后按分公司规定填报相关事件报告，报相关部门。

（4）员工在应急事件处理时，坚持对外宣传归口管理的原则，不得擅自发布相关信息。

（5）涉及需保安协助处理的相关程序时，保安听从车站人员的指挥，相关岗位站务人员应对保安的行为负责。

二、车站火灾（爆炸）现场应急处理程序

（一）关键指引

（1）贯彻"救人第一，救人与灭火同步进行"的原则，积极施救。

（2）处置火灾突发事件应坚持快速反应的原则，做到反应快、报告快、处置快，把握火灾初期10分钟的关键时间。

（3）火灾发生后，工作人员应立即向"119"、"120"、车站公安报告，积极开展防灾自救工作，同时组织做好乘客的疏散、救护工作，并注意封锁保护现场。

（4）开展防灾自救工作时应注意做好个人防护。

(二)车站火灾分类

车站火灾分为以下三类:
(1)车站设备房(有气体保护)火灾。
(2)车站设备房(无气体保护)火灾。
(3)车站(站厅/站台)公共区火灾。

(三)岗位行动指引

发生车站设备房(有气体保护)火灾时:

1. 巡视岗行动指引

(1)立即赶到现场协助灭火,确认火灾不可控制时,接到值班站长启动站厅公共区火灾处理程序的命令后,立即关停出入口进站方向扶梯,并组织站厅乘客向站外疏散。
(2)确认站厅乘客疏散完毕后报车控室。
(3)听从值班站长安排。

2. 客服岗行动指引

(1)接到执行火灾应急处理程序的通知后,收好钱和票,关闭票亭/客服中心电源,锁闭客服中心门锁。
(2)确认闸机进入紧急模式,打开边门。利用手提广播疏散乘客出站。
(3)确认已关停电扶梯、站厅乘客全部疏散出站、垂直电梯是否有困人,将垂梯关闭后报车控室。
(4)到出口拦截乘客进站并做好解释工作。
(5)听从值班站长安排。

3. 站台岗行动指引

(1)确认火灾不可控制时,立即关停非疏散方向扶梯,并组织站台乘客向站外疏散。
(2)确认站台(包括卫生间)乘客疏散完毕后报车控室。
(3)听从值班站长安排。

发生车站设备房(无气体保护)火灾时:

1. 巡视岗行动指引

(1)立即赶到现场协助灭火。
(2)确认火灾不可控制时,立即关停出入口电扶梯,并组织站厅乘客向站外疏散。
(3)确认站厅乘客疏散完毕后报车控室。
(4)听从值班站长安排。

2. 客服岗行动指引

(1)接到执行火灾应急处理程序的通知后,收好钱和票,关闭票亭电源。
(2)确认闸机进入紧急模式,打开边门。利用手提广播疏散乘客出站。

（3）确认已关停电扶梯、站厅乘客全部疏散出站、垂直电梯是否有困人，将垂梯关闭后报车控室。

（4）到出口拦截乘客进站并做好解释工作。

（5）听从值班站长安排。

3. 站台岗行动指引

（1）立即赶到现场协助灭火，确认火灾不可控制时，立即关停非疏散方向扶梯，并组织站台乘客向站外疏散。

（2）确认站台乘客疏散完毕后报车控室。

（3）听从值班站长安排。

发生车站站厅公共区火灾时：

1. 巡视岗行动指引

（1）立即赶到现场协助灭火，确认火灾不可控制时，立即出入口关停进站方向扶梯，并组织站厅乘客向站外疏散。

（2）确认站厅乘客疏散完毕后报车控室。

（3）听从值班站长安排。

2. 客服岗行动指引

（1）确认并报告车控室火灾位置、大小、火灾性质等，进行第一时间的灭火。

（2）确认火灾不可扑救后，立即疏散乘客出站。

（3）确认闸机进入紧急模式，打开边门。利用手提广播疏散乘客出站。

（4）确认站厅乘客疏散完毕、垂直电梯是否有困人，将垂梯关闭后报车控室。

（5）到出口拦截乘客进站并做好解释工作。

（6）听从值班站长安排。

3. 站台岗行动指引

（1）接到火警通知后赶到现场协助灭火，接到执行火灾应急疏散处理程序的通知后，立即到达站台从远离火灾的一端疏散站台乘客，关停站台非疏散方向扶梯。

（2）当站台停有列车时，立即通知司机火灾信息，可将站台乘客疏散到列车上，通知司机立即关门动车。

（3）确认站台乘客疏散完后报车控室。

（4）听从值班站长安排。

发生车站站台公共区火灾时：

1. 巡视岗行动指引

（1）立即赶到现场协助灭火，确认火灾不可控制时，立即关停出入口进站方向扶梯，并组织站厅乘客向站外疏散。

（2）确认站厅乘客疏散完毕后报车控室。

（3）听从值班站长安排。

2. 客服岗行动指引

（1）确认并报告车控室火灾位置、大小、火灾性质等，进行第一时间的灭火。

（2）确认火灾不可扑救后，立即疏散乘客出站。

（3）确认闸机进入紧急模式，打开边门。利用手提广播疏散乘客出站。

（4）确认站厅乘客疏散完毕、垂直电梯是否有困人，将垂梯关闭后报车控室。

（5）到出口拦截乘客进站并做好解释工作。

（6）听从值班站长安排。

3. 站台岗行动指引

（1）确认并报告车控室火灾位置、大小、火灾性质等，进行第一时间的灭火。

（2）确认火灾不可扑救后，立即向站厅疏散乘客，并关停站台非疏散方向扶梯。

（3）确认站台乘客疏散完毕、垂直电梯是否有困人，将垂梯关闭后报车控室。

（4）听从值班站长安排。

三、区间乘客疏散现场应急处理程序

（一）关键指引

（1）区间乘客疏散必须有序、迅速的进行，确保"安全第一，有序疏散"。

（2）区间乘客疏散分为：非紧急情况下的区间乘客疏散、紧急情况下的区间乘客疏散（火灾、毒气等突发事件）。

（二）岗位行动指引

非紧急情况下的区间乘客疏散：

1. 巡视岗行动指引

（1）接到区间疏散乘客的通知后，立即到车控室穿戴好荧光衣，带齐备品，与值班站长到区间疏散乘客。

（2）遇到乘客后，负责带领乘客向车站疏散，到达站台后，协助站台疏散。

2. 客服岗行动指引

接到执行区间乘客疏散方案的通知后，做好乘客退票及解释。

3. 站台岗行动指引

（1）确保站台乘客的安全，做好站台乘客的服务工作。

（2）协助值班站长打开端墙门，防止乘客进入轨行区。

（3）听从值班站长指挥。

紧急情况下的区间乘客疏散（火灾、毒气等突发事件）。

1. 巡视岗行动指引

（1）接到区间疏散乘客的通知后,立即到车控室穿戴好荧光衣,带齐备品,与值班站长到区间疏散乘客。

（2）遇到乘客后,带领乘客向车站疏散。

（3）到达站台后,协助疏散站内乘客。

2. 客服岗行动指引

（1）接到区间疏散乘客的通知后,锁好钱和票,锁闭票亭。

（2）确认闸机常开,打开边门。

（3）到出口关停进站扶梯,确认电梯无困人后将其关停。

（4）组织站厅乘客疏散。

（5）听从值班站长指挥。

3. 站台岗行动指引

（1）确保站台乘客的安全,做好站台乘客的服务工作。

（2）协助值班站长打开端墙门,防止乘客进入轨行区。

（3）确保所有乘客疏散完毕后,离开站台。

（4）听从值班站长指挥。

四、隧道火灾（爆炸）现场应急处理程序

（一）关键指引

（1）车站发现站台区线路有烟雾,隧道感温光纤报火警报警时,立即向 OCC 报告。

（2）隧道内有烟雾时,相关车站到地面查看风亭周围是否发生火灾或有烟气吸入。

（3）由 OCC 报 119,并须向消防人员说明相关车站的情况。

（4）由值班站长或站长负责与到场消防人员联络,车站及时将信息向 OCC 汇报。

（二）岗位行动指引

1. 巡视岗行动指引

（1）接到值班站长通知后,立即穿上荧光衣,戴好防毒面具,和值班站长一起登乘列车到现场,发现现场轻微火灾立即组织灭火,如火势不可控,值班站长应要求其立即疏散列车上的乘客,并提醒乘客不要拥挤,听从指挥,照顾老人、小孩。

（2）与值班站长保持好联系,并听从值班站长的安排。

（3）向车站撤离时,确保乘客完全疏散。

（4）协助客运值班员将全部乘客疏散出站后,关闭各出入口。

（5）听从值班站长安排。

2. 客服岗行动指引

（1）接到信息后，收好钱和票，关闭票亭电源，关停站台至站厅层的扶梯，穿荧光衣，到站台疏散乘客。

（2）指引乘客向站厅疏散，确认疏散情况和乘客受伤情况，并将信息及时报告车控室，指引消防队进入火场。

3. 站台岗行动指引

（1）听到疏散指令后立即赶到站台事故一侧的端墙门处等待值班站长（注意开启隧道风机时屏蔽门会受影响），穿上荧光衣，戴好防毒面具。

（2）与值班站长保持好联系，并听从值班站长的安排。

（3）向车站撤离时，确保乘客完全疏散。

（4）协助客运值班员将全部乘客疏散出站后，关闭各出入口。

（5）听从值班站长安排。

五、列车区间火灾（爆炸）现场应急处理程序

（一）关键指引

1. 处置级别定义

（1）一级处置：列车发生区间火灾，可以进站，经车站确认后，无须启动人员疏散，可继续运行。

（2）二级处置：列车发生区间火灾，可以进站，需启动预案，车站疏散。

（3）三级处置：列车发生区间火灾，列车区间迫停，需启动区间疏散。

2. 车站现场处置

（1）接到行调或司机通知后，立即就近安排站台保安及工作人员到现场处理。

（2）一级处置情形：确认火情已扑灭，无须疏散人员时，报告OCC后协助司机恢复行车。

（3）二级处置情形：

①接到行调通知或发现已到站的列车发生火灾后，立即通知驻站公安。

②立即按车站站台火灾应急处理程序组织相关工作，通知保安做好疏散和灭火准备，列车到站后，启动列车站台区间火灾排烟模式。事发列车已到站，未接获通知时，有权根据现场情况，决定执行列车紧急疏散和启动列车站台区间火灾排烟模式，并报OCC。

（4）三级处置情形：

①接到行调通知后，组织人员赶赴现场，承担疏散引导等工作。

②组织车站清客。

(二)岗位行动指引

1. 巡视岗行动指引

一级处置:

(1)接通知后立即赶赴站台协助值站。

(2)听从值站指挥进行清客、现场确认等工作。

二级处置:

(1)接到疏散指令后关停出口进站扶梯,确认电梯无困人后将其关停。

(2)立即前往组织站厅疏散。

三级处置:接到值班站长指令后,执行区间疏散现场应急处理程序。

2. 客服岗行动指引

一级处置:若执行清客,做好相关票务工作。

二级处置:

(1)接到疏散指令后,立即收拾钱票并锁好钱票箱和票亭门。

(2)确认闸机全部开启,打开边门。

(3)组织站厅乘客疏散。

三级处置:接到值班站长指令后,执行区间疏散现场应急处理程序。

3. 站台岗行动指引

一级处置:听从值站指挥进行清客、现场确认等工作。

二级处置:

(1)关停站台非疏散方向扶梯,确认电梯无困人后将其关停。

(2)进行站台疏散工作。

三级处置:接到值班站长指令后,执行区间疏散现场应急处理程序。

六、车站水灾(水淹)现场应急处理程序

(一)关键指引

1. 车站站外水害处理关键点

(1)确认现场情况,及时报告 OCC。

(2)组织先期处置,安排车站员工搬运防水沙包等物资进行抢险,必要时关闭相应出入口。

(3)设备抢修人员确认现场设备状况,采取措施保护设备,并尽可能维持设备正常运作。

(4)播放广播,维持站内乘客秩序,必要时疏散站内乘客。

(5)抢险支援人员到达时,协助抢险队员进行抢险。

(6)车站有被淹没的可能时,组织所有员工撤退到出口外的安全地带,并与行调保持联系。

(7)行车值班员及时将情况报至 OCC,并做好与 OCC、车站各岗位之间的信息传递。

2. 站内管道漏水处理关键点

（1）值班站长发现或接到车站水管爆裂的通知后，立即赶至现场，查看现场情况。

（2）将现场情况及时报告 OCC。

（3）组织先期处置，安排车站员工搬运防水沙包等物资进行抢险，关闭相应水阀。

（4）设备值班人员确认现场设备状况，采取措施保护设备，并尽可能维持设备正常运作。

（5）播放广播，维持站内乘客秩序，必要时疏散站内乘客。

（6）设备房有积水时，应及时通知设备管理单位处置。一旦发现设备被淹，应立即报 OCC、车站或直接通知设备管理责任部门确认相关设备是否已停电，确认无触电危险后，方可进入。

（7）抢险人员到达，协助抢险人员进行抢险。

（8）行车值班员及时将情况报至 OCC，并做好与 OCC、车站各岗位之间的信息传递。

（二）岗位行动指引

1. 巡视岗行动指引

（1）接到险情通知后，立即到现场配合值班站长抢险。

（2）视情况关闭相关电扶梯、电梯、出入口。

（3）将防洪物资搬运至现场听从值班站长指挥。

2. 客服岗行动指引

（1）维持乘客秩序，协助需要帮助的乘客，做好乘客服务工作。

（2）接到值班站长的撤退通知后，立即收拾钱票并锁好钱票箱和票亭门撤退到指定出口外。

3. 站台岗行动指引

（1）维持乘客秩序，协助需要帮助的乘客，做好乘客服务工作。

（2）接到值班站长的撤退通知后，撤退到指定出口外。

七、线路积水（区间水淹）现场应急处理程序

（一）关键指引

（1）可能造成线路积水（区间水淹）的原因有：区间消防水管漏水；地面积水从风亭、施工遗留孔洞灌入、土建结构渗漏水及区间水泵故障等。除人员发现线路积水（区间水淹）发生外，在设备监控方面设有区间废水泵房高水位报警。

（2）发生区间消防水管漏水时，立即电动或手动关闭相应区间消防水阀（环调先关电动蝶阀，再通知相关车站人员关手动阀）。特别要注意检查消防水管是否发生移位侵限情况，

检查区间线路纵断面最低处积水情况。

(二)岗位行动指引

1. 巡视岗行动指引

(1)做好乘客安抚工作。

(2)加强站厅乘客引导,维持站厅候车持续;发现站厅异常情况及时报车控室。

2. 客服岗行动指引

(1)做好乘客服务工作。

(2)列车晚点时做好乘客安抚、解释工作。

3. 站台岗行动指引

(1)做好乘客安抚工作。

(2)加强站台乘客引导,维持站台候车秩序。

(3)发现站台异常情况及时报车控室。

(4)列车反向运行,车门、屏蔽门无法联动时,协助开关屏蔽门。

八、乘客按压列车报警按钮现场应急处理程序

(一)关键指引

(1)车站接到列车上乘客报警的信息后,立即安排人员到现场处理。

(2)确认无异常时,通知司机,并给"好了"信号,行车值班员报行调。

(3)确认乘客需要帮助时,立即请有关人员下车,再做处理。

(4)当确认发生紧急突发事件影响行车安全时,立即按压紧急停车按钮,通知司机扣车,并报告行调。

(5)处理完毕,确认站台安全后,取消紧停,通知司机,显示"好了"信号,并将现场处理情况报行调。

(二)岗位行动指引

1. 巡视岗行动指引

(1)接到列车上乘客报警的信息后,立即赶到现场。

(2)若乘客需要帮助,按乘客需求提供必要帮助。

2. 站台岗行动指引

(1)接到列车上乘客报警的信息后,立即上车查看。

(2)若乘客需要帮助,立即请乘客下车,下车完毕通知司机。

(3)若无异常,确认站台安全后,通知司机,向司机显示"好了"信号。

九、乘客紧急解锁现场应急处理程序

(一)关键指引

(1)在站停车,立即到现场处理。
(2)列车在站刚启动,立即停车,到现场处理。
(3)区间运行,维持列车进站处理。
(4)区间停车,做好列车防护,到现场处理。

(二)岗位行动指引

1. 巡视岗行动指引

接到通知后,赶到现场协助值站处理。

2. 站台岗行动指引

接到通知后,赶到现场协助值站处理。

十、乘客擅自进入隧道(线路)现场应急处理程序

(一)关键指引

1. 区间进人情况分类

(1)司机发现有人进入区间。
(2)车站发现有人进入区间。

2. 处置原则

(1)接到报告后,OCC 立即通知车站组织保安或公安人员添乘第一列电客车(限速 25km/h)检查,第一列限速客车没有发现进入隧道线路人员,行调通知车站继续组织保安或公安人员上后续第二列车,限速 25km/h 运行。如仍没有发现,继续通知车站组织保安或公安人员上后续第三列车,限速 45km/h 运行。

(2)如上述列车均没有发现进入隧道线路人员,后续各次列车恢复正常模式运营,组织公安人员和保安进入区间泵房搜查,并通知两端站派人把守隧道口。

(3)OCC 将情况通知设施设备部生产调度,必要时,安排设施设备部各专业人员添乘检查设备是否被破坏。如影响行车需制定抢修方案;如不影响运营,待运营结束后处理。

(4)运营结束后,组织巡道人员对线路和设备进行检查。

(二)岗位行动指引

1. 巡视岗行动指引

(1)接到通知后,立刻赶到现场,听从值班站长安排把守相应端门。

(2)出清线路后,报告车控室。

2. 客服岗行动指引

(1)执行行车值班员/值班站长的安排,维持好乘客秩序。
(2)做好车站客运服务组织及乘客解释工作。

3. 站台岗行动指引

(1)发现或接报后,立刻按压紧急停车按钮,报告车控室。
(2)寻找至少2名目击证人,在客运值班员到达后交给其处理。
(3)负责看守乘客进入隧道端两边(上、下行)的端墙门。

十一、乘客(车站内/列车上)不明原因晕倒现场应急处理程序

(一)关键指引

乘客不明原因在车站晕倒:

(1)确定发生乘客晕倒事件的地点,立即报告车控室,根据乘客实际情况采取不同应急措施。

①乘客晕倒后意识清醒的,车站人员立即对乘客进行安抚并提供必要的帮助(如提供椅子、开水等物品给乘客使用),咨询乘客意见是否报120,待乘客恢复正常或120到场后送乘客离开。

②乘客昏倒后昏迷不醒的,有家属陪同时,征询家属同意后报120;无家属陪同时,车站立即报120。由值班站长负责安排人员用担架将乘客转移到既定的出入口通道内(请各站选取客流量较小,影响较小的出入口通道作为晕倒乘客的预留安置点)。

(2)值班站长作为现场处理负责人,按流程报相关部门,并由车站立即组织开展后续处理工作。

①安排人员进行现场围蔽,挽留目击证人,做好现场客流引导。
②按流程报OCC、保险公司、地铁公安。
③乘客有家属陪同的,做好家属安抚工作,视条件做好录音、笔录。

(3)120人员到达后,依据抢救情况处理。

①乘客苏醒的,由120送走,车站恢复正常秩序。
②经抢救确认死亡的,车站立即将该出入口关闭,做好客流引导服务,并依据公安的要求处理,处理完毕后恢复车站正常运营秩序。

乘客不明原因在列车内晕倒:

(1)司机在站内收到乘客不明原因在列车内晕倒:

①立即通知车站人员处理,报行调。
②车站人员接到司机列车内有乘客不明原因晕倒的通知,立即赶赴现场处理,将晕倒

乘客移至站台,确认车站站台、列车安全后,向司机显示"好了"信号,并通过400M电台通知司机。

③司机接到车站通知,并确认"好了"信号后,按规定动车并通知行调。

④车站将晕倒乘客移至站台按乘客不明原因在车站晕倒处理。

(2)司机在区间收到乘客不明原因在列车内晕倒：

①司机立即播放列车客室广播,安抚车内乘客,并报行调。

②车站员工接到行调通知,立即前往站台待令。

③司机驾驶列车至前方站,通知车站员工处理。

④司机到站后按照司机在站内收到乘客不明原因在列车内晕倒进行处理。

(3)车站负责乘客在车站晕倒的现场处置,做好客运组织及客伤处理工作。

(二)岗位行动指引

1. 巡视岗行动指引

(1)接到车站/列车上有乘客晕倒的报告后,立即赶到现场协助值班站长处理。

(2)疏导围观乘客,听从值班站长安排。

2. 站台岗行动指引

(1)若晕倒乘客在车站站台或列车上时,立即赶到现场,寻找至少2名以上目击证人。

(2)留意站台乘客候车动态,听从值班站长安排。

十二、乘客(车站内/列车上)打架现场应急处理程序

(一)关键指引

1. 发生在车站

发生打架事件时,车站工作人员立即将当事人隔离,疏导围观乘客,报地铁公安,地铁公安到场后,交由地铁公安处理。

2. 发生在列车

(1)司机得知事件信息后,立即通知乘客远离事发车厢。

(2)车站得知事件信息后,立即通知地铁公安,组织保安到站台待命。

(3)列车到站后,车站人员与保安将当事人请下列车,地铁公安到场后,将当事人交由地铁公安处理。

3. 处理原则

(1)立即通知地铁公安。

(2)如有人员受伤,视情况拨打120。

(3)隔离现场区域,寻找并尽量挽留两名目击证人。

(二)岗位行动指引

1. 巡视岗行动指引
接到车站/列车上有乘客打架的报告后,到现场协助值班站长处理。

2. 站台岗行动指引
(1)接到车站/列车上有乘客打架的报告后,听从值班站长安排。
(2)留意站台候车乘客的动态。

十三、人员被劫持现场处理程序

(一)关键指引

(1)组织乘客远离劫持现场,迅速报告地铁公安并配合处理。
(2)被劫持人员应不要激怒歹徒,保护自身安全。
(3)在公安未到场前,处理人员注意自身安全。
(4)当司机被劫持时,尽量将歹徒引至离司机室较远的地方;当被迫驾驶时,如在站则人为设置故障导致不能动车。
(5)公安人员到场后,交公安处理,按公安的要求进行配合。

(二)岗位行动指引

1. 巡视岗行动指引
(1)接到车控室通知后,立即赶往现场,疏散周围乘客。
(2)接到暂停本站服务的通知后,张贴相关告示拦截乘客进站。
(3)听从值班站长指挥。

2. 客服岗行动指引
(1)根据需要,停止售票服务,收好钱票、锁闭客服中心。
(2)接到暂停本站服务的通知后,打开边门,指引乘客疏散。
(3)车站恢复运营后,做好退票等客运组织工作。

3. 站台岗行动指引
(1)接到暂停本站服务的通知后,立即指引站台乘客从事发另一端疏散至站厅。
(2)关停向下的扶梯,站台乘客全部疏散完毕后报车控室。
(3)听从值班站长指挥。

十四、车站垂直电梯困人／自动扶梯伤人现场应急处理程序

（一）关键指引

1. 处理原则

以乘客安全为出发点，贯彻"安全第一，生命至上"的要求，积极采取措施最大限度地减少人员伤亡和财产损失，视情况报 119、120。

2. 发生电梯困人

（1）报告：发现乘客被困电梯时，立即通知行调、环调、设施设备部生产调度、站务室生产调度。

（2）立即赶往现场，通过喊话、电梯对讲系统喊话等方式，安抚乘客，缓解乘客情绪，并告知被困乘客不要倚靠轿厢门、不要擅自撬砸轿厢门和救援人员到达的大致时间。

（3）设置警示标示。

（4）维修人员到达后，协助救援。

（5）乘客被救出后，做好乘客安抚工作，如有乘客受伤，按《乘客伤亡事故处置预案》流程进行处理。

3. 发生自动扶梯伤人

（1）报告：接到报告后，立即报行调、环调、设施设备部生产调度、站务室生产调度。

（2）立即按压紧急停梯按钮，停止自动扶梯运行，停止运行前须提醒其他乘客注意站稳，了解乘客受伤情况，安抚乘客，如有乘客受伤，按《乘客伤亡事故处置预案》流程进行处理。

（3）设置警示标示，疏导围观乘客。

（4）寻找目击证人，了解事发经过。

（5）维修人员到达现场后，立即了解事发时扶梯是否发生故障，如遇其他突发事件，立即协助车站处理。

车站负责电梯困人、扶梯伤人的现场应急处置，做好客运组织及客伤处理工作。事故处理完成后，如需重新开启电梯／扶梯，维修人员须提供设备具备正常运行条件的检测报告。

（二）岗位行动指引

电梯困人岗位行动指引：

1. 巡视岗行动指引

（1）发现电梯发生困人时，应立即到梯前确认被困乘客情况（人数、有无受伤等）。

（2）并通过对讲电话安抚乘客，使乘客保持镇定，防止擅自采取行动。

（3）报告车控室。疏散周围乘客，做好防护，禁止操作该梯。

（4）寻找现场目击证人，将目击证人交给客运值班员。

2. 站台岗行动指引

（1）接到通知后,立即赶赴现场,协助处理。

（2）疏散周围乘客,做好防护,禁止操作该梯。

扶梯伤人岗位行动指引：

1. 巡视岗行动指引

（1）现场发现或接收到扶梯发生人员伤亡事故的信息后,立即报告车控室并到现场处理。

（2）视情况按下紧急停止按钮（按下前大声通知乘客"紧急停止,请站稳扶好"）。

（3）请现场的其他乘客协助救助当事人,将当事人平抬出扶梯,并挽留至少两名目击证人。

（4）将目击证人移交给客运值班员处理。

（5）协助值班站长处理。

（6）使用铁马把扶梯上、下端围起进行防护等待维修。

2. 站台岗行动指引

（1）接到通知后,如为站内扶梯,立即赶赴现场,协助处理。

（2）疏散周围乘客,做好防护。

十五、乘客跌落电梯井道现场应急处理程序

（一）关键指引

（1）立即设置电梯停止使用警示标示,报车控室,安排工作人员在电梯楼层（电梯经过的每个楼层）值守,严禁按压操作按钮。

（2）了解乘客跌落位置、受伤情况,安抚乘客。

（3）车站立即报行调、环调、119、120、地铁公安、机电中心设施部生产调度、站务室生产调度。

（二）岗位行动指引

1. 巡视岗行动指引

（1）发现有乘客跌落电梯井道时,立即报车控室,停用该梯。设置电梯停止使用警示标示,做好防护,严禁按压操作按钮。

（2）寻找两名以上目击证人。

2. 站台岗行动指引

（1）接到通知后,立即赶赴现场,协助处理。

（2）疏散周围乘客,做好防护,严禁按压操作按钮。

附录一　郑州市轨道交通条例

（2015年6月26日郑州市第十四届人民代表大会常务委员会第十次会议通过；2015年9月26日河南省第十二届人民代表大会常务委员会第十六次会议批准）

第一章　总　　则

第一条　为了规范轨道交通管理，保障轨道交通安全，维护轨道交通各方主体的合法权益，促进轨道交通事业健康发展，根据有关法律、法规，结合本市实际，制定本条例。

第二条　本市行政区域内轨道交通的规划、建设、管理、运营、安全及其相关活动，适用本条例。

本条例所指轨道交通，是指城市地铁、城市轻轨等具有城市公共交通功能的交通工具和设施。

第三条　轨道交通应当遵循统筹规划、优先发展、配套建设、安全运营、规范服务的原则。

第四条　市人民政府应当加强对轨道交通工作的统一领导，建立轨道交通综合协调机制，统筹解决轨道交通规划、建设、管理、运营、安全等重大事项。市轨道交通建设管理机构是市人民政府组织领导轨道交通工作的办事机构，负责全市轨道交通的统筹、协调、服务、督查工作。

市发展改革、交通运输、城乡规划、城乡建设、财政、国土资源、安全生产监督、城市管理、环境保护、卫生、文物、园林、人防、公安、消防、国有资产监督等部门按照各自职责，负责轨道交通有关管理工作。

轨道交通沿线的县（市、区）人民政府、郑州航空港经济综合实验区、郑东新区及各开发区管理委员会应当协助做好轨道交通规划、建设、管理、运营、安全等有关工作。

第五条　市人民政府依法确定的轨道交通经营单位负责轨道交通的建设和运营，并按照本条例的授权实施行政处罚。

电力、供水、通信等相关单位应当保障轨道交通正常建设、运营需要。

第六条　轨道交通所需资金由政府投资、社会筹集等方式解决。鼓励企业和其他经济组织投资及参与轨道交通建设和运营管理，并依法保护其合法权益。

轨道交通建设和运营按照国家、省、市有关规定享受政策支持、资金补助和减免优惠。

市人民政府设立轨道交通发展专项资金，支持轨道交通建设，资金实行专款专用，接受市财政、国有资产监督、审计等部门的监督。

第二章　规划与建设

第七条　轨道交通规划应当符合国民经济和社会发展规划,纳入城乡规划并与土地利用总体规划相衔接。

经批准的轨道交通规划不得擅自变更;确需变更的,应当按照原审批程序报经批准。

第八条　轨道交通规划包括轨道交通线网规划、建设规划、用地控制规划、沿线站点交通接驳规划。

轨道交通线网规划、用地控制规划和沿线站点交通接驳规划,由市城乡规划行政主管部门会同市发展改革、国土资源、城乡建设、交通运输、人防、公安机关交通管理等部门和轨道交通经营单位组织编制。

轨道交通建设规划由市发展改革部门组织编制,并分期纳入市城市建设计划。

编制轨道交通规划,应当按照规定广泛征求专家、社会公众、沿线县(市、区)人民政府、郑州航空港经济综合实验区、郑东新区和各开发区管理委员会以及有关单位的意见。

第九条　城乡规划、国土资源行政主管部门应当做好轨道交通沿线及车站周边用地的控制管理和合理开发利用。

轨道交通车站周边应当规划预留换乘枢纽、公共汽(电)车和出租汽车站点、机动车和非机动车停车场、公共厕所等公共交通、公共服务设施用地及紧急疏散用地。

第十条　轨道交通规划线路两侧一定范围为规划控制区,具体范围由市城乡规划行政主管部门会同市发展改革部门划定,报市人民政府批准后向社会公布。规划控制区纳入城市黄线管理。

规划控制区用地范围内,国土资源行政主管部门在办理土地出让(划拨)手续、城乡规划行政主管部门在办理建设工程规划许可、城乡建设行政主管部门在办理建设工程施工许可时,应当书面征求轨道交通经营单位的意见。

规划控制区相邻地块建设工程的基坑工程支护结构不得超出用地红线;确需超越用地红线进入轨道交通规划控制区的,城乡建设行政主管部门在办理建设工程施工许可时,应当书面征求轨道交通经营单位的意见。

第十一条　轨道交通建设用地使用权依法实行分层登记,分别设立地表、地上、地下建设用地使用权。

轨道交通建设使用地下空间的,不得损害已设立的用益物权。

第十二条　轨道交通沿线及车站周边用地涉及规划控制区且尚未出让或者划拨的,市城乡规划行政主管部门应当将轨道交通的整体规划设计要求纳入土地的规划设计条件;轨道交通设施用地与其他用地不能分割的,市城乡规划行政主管部门应当提出轨道交通出入口、通风亭(井)、冷却塔等设施以及地下结构要求的规划条件,作为国有土地使用权出让等有偿使用合同或者国有土地使用权划拨批准文件的组成部分。

第十三条　轨道交通建设需要征收土地、房屋及其他建筑物、构筑物的,按照有关法律、法规的规定进行,并依法予以补偿。

第十四条 轨道交通建设需要使用建筑物、构筑物、人防工程及管线等工程档案资料,相关行政管理部门、产权单位(管理单位)应当如实提供。

第十五条 因轨道交通建设需要迁移绿化或者迁改管线、公共交通、公共消防、公共照明、环卫等市政基础设施的,由相应产权单位(管理单位)组织实施,相关费用由轨道交通经营单位承担,接受审计部门的审计。因产权单位(管理单位)或者规划要求提高标准或者增加容量、数量的,增加的相关费用由产权单位(管理单位)承担。

第十六条 轨道交通建设影响道路通行的,公安机关交通管理部门应当会同城乡规划、城市管理、交通运输等部门和轨道交通经营单位制定交通疏解方案,避免或者减少轨道交通工程施工对城市交通造成的影响。

第十七条 轨道交通经营单位在建设期间应当对轨道交通沿线建筑物、构筑物、管线以及其他设施进行调查、监测,并采取措施避免或者减少施工影响;造成沿线建筑物、构筑物、管线以及其他设施损坏的,依法承担相应责任。

轨道交通建设需要进入建筑物、构筑物或者设施内进行查勘、鉴定或者监测的,应当提前书面告知产权人、使用人。产权人、使用人应当予以配合。

第十八条 在轨道交通用地范围内,轨道交通经营单位可以依照有关法律、法规,科学利用轨道交通设施及用地进行综合开发;对于结构上不可分割、工程上必须统一实施的开发项目,经市人民政府批准,可以与轨道交通工程一并建设。

综合开发应当优先统筹安排公共交通枢纽、交通换乘设施、公共步行空间等公共配套设施的建设。

综合开发所获得的收益,应当用于轨道交通发展,并接受市财政、审计等部门的监督。

第十九条 轨道交通地下空间建设项目及附着建设项目开发的地下空间,其建设用地使用权可以以协议方式出让给轨道交通经营单位。

轨道交通经营单位结合轨道交通设施一并开发使用的其他地表、地上及地下空间,符合划拨或者协议出让条件的,其用地与轨道交通设施用地由城乡规划部门一并规划,其使用权与轨道交通设施用地使用权由国土资源部门依法一并办理相应土地划拨或者出让手续。

第二十条 轨道交通建设勘察、设计、施工、监理等活动应当遵守有关法律、法规,执行相关技术标准,符合保护周围建筑物、构筑物、管线、文物以及其他相关设施的技术规定。

第二十一条 轨道交通建设工程完工后,应当按照相关规定进行验收,验收合格可进行试运行;试运行合格并通过试运营基本条件评审,方可试运营。

试运营验收合格的,方可交付正式运营。

第三章 运营与服务

第二十二条 市交通运输行政主管部门应当制定轨道交通运营服务规范和乘客守则,

并对轨道交通运营活动进行监督检查。

第二十三条 轨道交通经营单位应当按照运营服务规范及相关规定提供安全、便捷、优质的运营服务,并履行下列职责:

(一)制定主要岗位的服务作业标准以及车站、列车设施设备和线路运营管理标准,制定落实相应的管理制度;

(二)合理编制、适时调整运营计划,保障客流运送畅通与安全;

(三)向乘客做出服务承诺并向社会公布;

(四)在车站醒目位置公布首末班车运营时间及换乘指示信息;调整首末班车运营时间时,及时告知乘客;

(五)通过广播、电子显示屏等提供列车到达时间、到达站点和安全提示等信息;

(六)维护车站和列车内运营秩序、环境卫生;

(七)开展乘客安全乘车宣传;

(八)使用安全监控设施的,依法保护乘客隐私;

(九)在车站提供问讯服务,引导乘客购票、乘车;

(十)无障碍设施完好、畅通,在列车内为老、弱、病、残、孕和携带婴幼儿的乘客设置专座;

(十一)配合有关单位提供通信便利;

(十二)其他依法应当履行的服务职责。

第二十四条 在轨道交通车站周边500米范围内,市交通运输行政主管部门应当按照国家有关标准和规范统筹设置轨道交通站外导向标志。

设置导向标志时,城市管理、园林等有关部门和周边物业的所有权人、使用权人应当予以配合。

第二十五条 建立轨道交通与地面交通衔接保障机制。轨道交通、城市公共交通、客运出租汽车、道路旅客运输、铁路运输等经营单位应当配合实施衔接保障工作。

第二十六条 轨道交通票价实行政府定价。轨道交通经营单位应当执行价格主管部门依法确定的票价,不得擅自调整。老年人、学龄前儿童、中小学生、现役军人和残疾人按照规定可享受优惠乘车或者免费乘车待遇。

轨道交通因故障或者突发事件不能正常运行的,乘客有权持有效车票要求轨道交通经营单位按照购票金额退还票款,轨道交通经营单位应当及时兑付。

第二十七条 轨道交通经营单位应当按照轨道交通安全检查规范设置安全检查设施,对乘客携带的物品实施安全检查,乘客应当予以配合。

乘客拒绝接受安全检查或者在安全检查中发现携带本条例第三十条禁止携带的物品的,轨道交通经营单位有权阻止其进站或者责令其出站;对强行进站、拒不出站等扰乱公共秩序的,由公安机关依法处理。

第二十八条 行动不便者在无人陪同情况下进出站上下车,可以联系车站工作人员获得帮助,轨道交通经营单位工作人员应当及时提供便利和服务。

第二十九条　乘客应当自觉遵守公共秩序和社会公德,遵守轨道交通乘客守则及相关规定,配合轨道交通经营单位工作人员的管理。

乘客应当持有效车票或者有效证件乘车,并接受票务稽查;不得无票、持无效车票、冒用他人乘车证件或者持伪造证件乘车;超程乘车的,应当补交超过部分的票款。

第三十条　禁止携带下列物品和动物进站:

(一)易燃易爆性、毒害性、腐蚀性、放射性或者传染性病原体等危险物品;

(二)非法持有的枪械弹药或者弩、匕首等国家规定的管制器具;

(三)有识别标志的服务犬除外,畜禽和猫、狗等宠物或者其他可能妨碍轨道交通运营安全的动物;

(四)充气气球、不能折叠的自行车、运货平板车;

(五)其他影响公共安全、运营安全、公共卫生或者妨碍其他乘客的物品。

禁止携带物品目录由轨道交通经营单位在车站醒目位置予以明示。

第三十一条　在车站或者列车车厢内,禁止下列影响轨道交通公共秩序、公共场所容貌和环境卫生的行为:

(一)吸烟,随地吐痰、便溺、吐口香糖、乱扔果皮、纸屑、包装物等;

(二)躺卧、乞讨、卖艺、收捡废弃物等;

(三)踩踏座席、追逐打闹等;

(四)擅自摆摊设点,兜售或者派发物品,散发广告宣传品等;

(五)涂写、刻画,擅自张贴、悬挂物品等;

(六)在列车车厢内进食;

(七)擅自停放车辆、堆放杂物,滑滑板(轮滑),骑独轮车、骑折叠自行车等;

(八)在运行的自动扶梯上逆行;

(九)擅自拍摄电影、电视剧及广告宣传片等;

(十)其他影响轨道交通公共秩序、公共场所容貌和环境卫生的行为。

第三十二条　禁止在轨道交通车站站前广场内及通风亭(井)、冷却塔周围堆放物品、摆摊设点、停放车辆、揽客拉客等妨碍乘客通行、救援疏散或者影响通风设施正常运行的行为。

第三十三条　精神病患者、智障者、学龄前儿童、醉酒者应当由其监护人或者健康成年人陪同乘坐轨道交通。

第三十四条　市交通运输行政主管部门应当定期通过乘客满意度调查等形式,对轨道交通运营服务情况进行评价。对评价中发现的问题,轨道交通经营单位应当及时改进。服务评价结果和改进情况应当通过多种方式向社会公布。

市交通运输行政主管部门可以委托具有相应资质的第三方开展轨道交通运营服务评估。

第三十五条　市交通运输行政主管部门和轨道交通经营单位应当建立投诉受理制度,公布投诉渠道,接受投诉,并应当自接受投诉之日起5个工作日内作出答复。

乘客对轨道交通经营单位答复有异议的,可以向市交通运输行政主管部门申诉,市交通运输行政主管部门应当自接受申诉之日起5个工作日内作出答复。

第四章　安全与应急

第三十六条　轨道交通经营单位依法承担轨道交通建设、运营安全生产责任,设置专门安全生产管理机构,建立健全安全生产管理制度,确保轨道交通建设和运营安全。

城乡建设、交通运输、安全生产监督、人防、公安、消防、环境保护等部门应当对轨道交通建设、运营安全进行监督检查,发现安全隐患的,应当责令轨道交通经营单位采取措施及时消除。

第三十七条　轨道交通经营单位应当对轨道交通建设工程、控制保护区、轨道交通设施设备等进行巡查、检查,发现危及或者可能危及轨道交通安全的,应当立即采取措施,并按照规定报告相关行政管理部门。相关行政管理部门应当进行核查并采取措施消除安全隐患。

轨道交通经营单位巡查、检查时,有关单位或者个人应当予以配合。

第三十八条　轨道交通经营单位应当按照安全生产、消防管理、事故救援等有关规定,在轨道交通设施内设置报警、灭火、逃生、紧急疏散照明、救援、防爆、防毒、防汛等器材和设备,并定期检查、维护、更新,保持完好有效。

轨道交通经营单位应当保持出入口、通道畅通,不得在地下车站站厅乘客疏散区、站台及疏散通道内设置商业场所,保证安全、消防、疏散等各类导向标志准确、醒目。

第三十九条　轨道交通经营单位应当对轨道交通设施采取技术保护和监测措施,评估轨道交通运行对车站、隧道、高架线路等建筑物、构筑物的影响,定期对轨道交通进行安全性检查和评价,发现隐患的,应当及时消除。

第四十条　禁止下列危害轨道交通安全的行为:

(一)擅自操作有警示标志的按钮、开关等装置,非紧急状态下动用应急或者安全装置;

(二)遮盖、污损、冒用、擅自移动各种轨道交通标志、测量设施以及安全防护设备;

(三)在轨道上放置、丢弃障碍物,向列车、工程车、通风亭(井)、接触网等轨道交通设施投掷物品;

(四)损坏轨道、隧道、车站、车辆、电缆、机电设备、路基、护坡、排水沟等;

(五)拦截列车、阻断运输;

(六)擅自进入驾驶室、轨道、隧道、通风亭(井)、车控室或者其他有警示标志的区域;

(七)攀爬、翻越或者推挤围墙、栏杆、护网、闸机、列车、安全门、屏蔽门等;

(八)强行上下车;

(九)在车站、列车车厢、通风亭(井)等轨道交通设施内点燃明火;

(十)强拉、敲打屏蔽门、安全门及车门或者阻挠其开关;

(十一)在地面线路上擅自铺设平交道口、平交人行道;

(十二)故意干扰轨道交通通讯频率;

(十三)在高架线路(车站)垂直投影区域内非法占用土地,擅自堆放物品、停放机动车辆、机械设备等;

(十四)在地面线路或者高架线路两侧修建妨碍行车瞭望的建筑物、构筑物或者种植妨碍行车瞭望的树木等;

(十五)其他危害轨道交通安全的行为。

第四十一条 轨道交通沿线设立控制保护区和重点保护区,控制保护区和重点保护区范围包括地下、地表和地上。

控制保护区范围按照下列规定执行:

(一)地下车站和隧道结构外边线外侧50米内;

(二)地面和高架车站以及线路轨道结构外边线外侧30米内;

(三)出入口、通风亭(井)、冷却塔、变电站、控制中心、垂直电梯等建筑物、构筑物结构外边线和车辆基地用地范围外侧10米内;

(四)轨道交通过河(湖)隧道、桥梁结构外边线外侧100米内。

重点保护区范围按照下列规定执行:

(一)地下车站和隧道结构外边线外侧10米内;

(二)地面和高架车站以及线路轨道结构外边线外侧5米内;

(三)出入口、通风亭(井)、冷却塔、变电站、控制中心、垂直电梯等建筑物、构筑物结构外边线和车辆基地用地范围外侧5米内;

(四)轨道交通过河(湖)隧道、桥梁结构外边线外侧50米内。

因地质条件等特殊情况,需要调整控制保护区和重点保护区范围的,由轨道交通经营单位提出,经市城乡规划、交通运输行政主管部门审核后,报市人民政府确定。

第四十二条 在轨道交通控制保护区内进行下列施工的,施工单位或者个人应当制定专项施工方案和安全防护方案。城乡规划、城乡建设等有关部门依法办理有关行政许可手续时,应当书面征求轨道交通经营单位意见。对轨道交通安全有影响的施工,轨道交通经营单位应当组织评审、论证:

(一)新建、改建、扩建、拆除道路、建筑物、构筑物;

(二)从事基坑(槽)开挖、降水、顶进、爆破、桩基础施工、灌浆、喷锚、勘察、钻探、打桩等施工;

(三)敷设、埋设、架设排污、排水、泄洪沟渠、燃气管道、电力隧道、高压线路等管线和其他需跨越或者横穿轨道交通的设施;

(四)开挖河道水渠、打井取水;

(五)在过河(湖)隧道段水域从事疏浚施工、采石挖砂等施工;

(六)大面积增加或者减少载荷等影响轨道交通设施安全的活动;

(七)其他可能危害轨道交通运营安全的活动。

前款所列施工不需要行政许可的,施工单位或者个人应当在施工前书面征求轨道交通经营单位的意见,轨道交通经营单位应当及时回复。

施工单位或者个人应当在施工前与轨道交通经营单位签订安全协议,并接受轨道交通经营单位对施工过程的安全监控。

第四十三条　轨道交通重点保护区内,除必需的市政、园林、环卫和人防工程外,不得进行其他与轨道交通工程无关的建设活动。

前款工程对轨道交通安全有影响的,其设计方案、施工方案、安全防护方案由城乡建设行政主管部门会同轨道交通经营单位组织论证,并对施工过程实施安全监控。

第四十四条　从事本条例第四十二条第一款、第四十三条第一款规定的施工,出现危及或者可能危及轨道交通安全情形的,施工单位或者个人应当停止施工,采取补救措施,并报告轨道交通经营单位。

施工结束后,施工单位或者个人应当会同轨道交通经营单位评估施工对轨道交通安全产生的影响,并将评估结果报市城乡建设、交通运输行政主管部门备案。未进行施工影响评估的,由轨道交通经营单位组织评估,评估费用由施工单位或者个人承担。评估认为影响安全的,施工单位或者个人应当立即采取措施消除影响。

第四十五条　敷设在轨道交通控制保护区范围内的地下管线,其所有权人或者使用权人应当加强管线巡查、维护和管理,保障管线安全,避免影响轨道交通设施安全。轨道交通经营单位应当提供便利。

第四十六条　轨道交通控制保护区内既有建筑物、构筑物危及轨道交通安全的,轨道交通经营单位应当采取合理措施,排除危险,既有建筑物、构筑物的所有者或者管理者应当予以配合。采取措施后仍不能排除危险的,应当按照土地和房屋征收的相关规定依法予以处理。

第四十七条　市人民政府应当组织有关部门制定轨道交通突发事件综合应急预案,建立应急处置联动机制。

市城乡建设、交通运输行政主管部门和公安机关应当会同有关部门根据本市轨道交通突发事件综合应急预案,分别制定轨道交通建设、运营、反恐、治安、消防等突发事件应急预案,建立轨道交通应急保障联动机制。

轨道交通经营单位应当制定本单位的轨道交通突发事件应急预案,报市城乡建设、交通运输行政主管部门备案。

第四十八条　市城乡建设、交通运输、公安等部门和轨道交通经营单位应当定期组织应急处置培训和应急演练。

第四十九条　轨道交通建设、运营发生突发事件,轨道交通经营单位应当立即启动应急预案,同时按照规定及时向市人民政府以及市公安、城乡建设、交通运输等有关部门报告。

市人民政府应当根据突发事件的可控性、严重程度和影响范围,启动相应级别的轨道交通应急预案,及时组织指挥处置,尽快恢复轨道交通建设、运营。

市人民政府有关部门、突发事件所在地的县(市、区)人民政府、郑州航空港经济综合实验区、郑东新区和各开发区管理委员会以及电力、供水、通信、地面交通运营等单位,应当按照轨道交通突发事件应急预案进行应急保障和抢险救援。

涉及恐怖袭击、治安突发事件,市公安机关应当启动相应的反恐、治安应急预案,依法予以处置。

第五十条 因自然灾害、恶劣气象条件或者重大安全事故等突发事件严重影响轨道交通安全,无法保证安全运营时,轨道交通经营单位可以暂停运营,及时向市交通运输行政主管部门报告,并向社会公告。

第五十一条 因节假日、大型群众活动等原因造成客流量上升的,轨道交通经营单位应当及时采取措施,疏导乘客。

发生轨道交通客流量激增,可能严重影响运营秩序或者危及运营安全的紧急情况时,轨道交通经营单位应当按照规定采取限制客流、暂停运营的临时措施,确保运营安全。暂停运营的,应当立即报告市交通运输行政主管部门,并及时向社会公告。

限制客流、暂停运营造成客流大量积压的,市交通运输行政主管部门应当采取疏运等应对措施。

第五十二条 轨道交通建设、运营发生人身伤亡事故,应当先抢救伤者,排除障碍,维持秩序,尽快恢复建设或者运营,并及时向有关部门报告。任何单位和个人不得阻碍轨道交通正常的建设和运营。

第五章 法律责任

第五十三条 违反本条例规定的行为,有关法律、法规有处罚规定的,从其规定。

第五十四条 轨道交通经营单位违反本条例规定,有下列行为之一的,按照下列规定处罚:

(一)违反本条例第十七条第一款规定,未对轨道交通沿线建筑物、构筑物、管线以及其他设施进行调查和监测,未采取措施减少或者避免施工影响,由市城乡建设行政主管部门责令限期改正,予以警告;造成重大损失或者恶劣社会影响的,依法追究直接负责的主管人员和其他直接责任人员的责任;

(二)违反本条例规定擅自暂停运营的,由市交通运输行政主管部门责令限期改正,处以一千元以上一万元以下罚款,并依法追究直接负责的主管人员和其他直接责任人员的责任。

第五十五条 轨道交通经营单位违反本条例规定,有下列行为之一的,由市交通运输行政主管部门责令限期改正;逾期不改正的,给予警告,可并处以一千元以上一万元以下罚款:

(一)违反本条例第二十三条规定,未履行服务职责的;

(二)违反本条例第二十七条规定,未按照规定对乘客携带的物品实施安全检查的;

(三)违反本条例第三十五条第一款规定,未按照规定处理乘客投诉的;

(四)违反本条例第三十六条规定,未设置专门安全生产管理机构,未建立安全生产管理

制度的;

（五）违反本条例第三十八条第一款规定,未设置相关器材和设备并保持完好有效的;

（六）违反本条例第三十九条规定,未采取有关措施或者未进行评估、检查、评价的;

（七）违反本条例第五十条、第五十一条第二款规定,暂停运营未向社会公告的。

第五十六条　违反本条例第二十九条第二款规定,乘客无票或者持无效车票、冒用他人证件或者持伪造证件乘车的,轨道交通经营单位可以按照出闸站线网单程最高票价补收票款,并可以加收出闸站线网最高票价五倍票款;情节严重的,由公安机关依法处理。

乘客有冒用他人证件、持伪造证件乘车等逃票行为三次以上的,可以纳入个人信用信息系统。

第五十七条　违反本条例规定,有下列行为之一的,由轨道交通经营单位按照下列规定进行处理:

（一）违反本条例第三十条第（一）项、第（二）项、第三十二条、第四十条第（一）项至第（十一）项规定危害轨道交通运营安全的,进行劝阻和制止,情节严重的,由公安机关依法处理;

（二）违反本条例第三十条第（三）项至第（五）项规定的,拒绝其乘车;已乘车的,责令其下车,并可处以五十元以上一百元以下罚款;

（三）违反本条例第三十一条规定的,责令改正,给予警告,拒不改正的,处以二十元以上一百元以下罚款。

第五十八条　违反本条例规定,有下列行为之一的,由市交通运输行政主管部门按照下列规定处罚:

（一）违反本条例第四十条第（十三）项、第（十四）项规定的,责令限期改正,可对单位处以一万元以上三万元以下罚款,对个人处以一千元以上五千元以下罚款;

（二）违反本条例第四十四条第二款规定,施工单位或者个人未进行施工影响评估的,责令限期改正;拒不改正的,可处以一万元以上五万元以下罚款;未采取措施消除影响的,责令限期改正,可对单位处以二万元以上二十万元以下罚款,对个人处以一千元以上一万元以下罚款。

第五十九条　违反本条例规定,有下列行为之一的,由市城乡建设行政主管部门按照下列规定处罚:

（一）违反本条例第四十二条第一款、第三款、第四十三条第二款规定,未制定专项施工方案和安全防护方案或者拒绝接受轨道交通经营单位对施工过程进行安全监控的,责令限期改正,拒不改正的,处以五千元以上三万元以下罚款;

（二）违反本条例第四十三条第一款规定,进行其他建设活动的,责令停止施工,恢复原状,消除影响,处以五万元以上二十万元以下罚款;

（三）违反本条例第四十四条第一款规定,未停止施工、未采取补救措施消除影响的,责令限期改正,可对单位处以二万元以上二十万元以下罚款,对个人处以一千元以上一万元以下罚款。

第六十条 发展改革、城乡规划、城乡建设、交通运输、国土资源等有关部门和轨道交通经营单位及其工作人员违反本条例规定,有下列行为之一的,由监察机关或者有管理权限的机关依法追究直接负责的主管人员和其他直接责任人员的相关责任:

(一)编制相关轨道交通规划,未按照规定征求社会意见的;

(二)擅自变更轨道交通规划、改变轨道交通用地用途的;

(三)未依法履行轨道交通建设工程安全、质量监督管理职责的;

(四)未履行规划控制区、控制保护区、重点保护区相关管理职责的;

(五)未依法履行轨道交通运营安全监督职责的;

(六)其他玩忽职守、滥用职权、徇私舞弊的行为。

第六章 附 则

第六十一条 本条例所称轨道交通设施,是指轨道交通的路基、轨道、隧道、桥梁、车站(含通道、出入口、冷却塔)、通风亭(井)、变电站、控制中心、车辆、车辆基地、机电设备、供电系统、通信信号系统、消防系统、给排水系统等设施。

第六十二条 本条例自2016年1月1日起施行。

附录二 专业词汇定义表

序号	专业词汇	定义
1	限界	指限定车辆运行及轨道周围构筑物超越的轮廓线。限界分车辆限界、设备限界和建筑限界三种,是工程建设、管线和设备安装等必须遵守的依据
2	车厂	车辆段或停车场的通称
3	CBTC	Communications-Based Train Control 的缩写,基于通信的列车控制系统
4	ATC 系统	列车自动控制系统
5	ATP 系统	列车自动防护系统
6	ATS 系统	列车自动监控系统
7	ATO 系统	列车自动驾驶系统
8	HMI	车站人机接口,为车站级"联锁"与"ATS"合二为一的人机接口
9	MMI	中心人机接口,为中央级 ATS 的人机接口。
10	AP	无线接入点
11	CI	正线计算机联锁系统
12	CBTC 列车	在 CBTC 控制模式下,装备有全套车载设备,能正常运行的电客车
13	非 CBTC 列车	CBTC 故障的列车或是没有装备车载设备的列车
14	DTI	发车指示器
15	ESB	站台紧急停车按钮,设于站台柱墙上,与车站控室内 IBP 控制盘上的紧急及切除停车报警按钮相连通,当出现危及行车安全情况时,可立即按压使电客车紧急停车
16	IBP 控制盘	设于车站控制室内,在 IBP 盘上设置紧急停车/取消紧急停车、计轴预复位(集中站)等按钮和相应表示灯。
17	PSL	屏蔽门就地控制盘
18	PSD	站台屏蔽门
19	NRM	非限制式人工驾驶模式
20	RM	限速(25km/h)人工驾驶模式
21	OCC	地铁运营控制中心
22	DCC	车厂控制中心
23	CC	车载控制器
24	DMI	司机显示单元
25	ZC	区域控制器
26	LC	线路控制器
27	TSR	临时限速
28	闭塞	为保证列车运行安全,须保证列车间以一定的安全防护空间运行,这种安全防护空间称为闭塞。列车进入闭塞区间(区段)后,闭塞区间(区段)两端都不再向这一区间(区段)发车,以防止列车相撞和追尾。闭塞可分可移动闭塞与固定闭塞法两大类,固定闭塞法又可根据安全防护区域划分的不同分为多种闭塞方式

续上表

序号	专业词汇	定　　义
29	移动闭塞	信号系统通过轨旁与列车间连续的无线通信来检测前后列车的位置,并计算相应的闭塞防护逻辑,实现对前后列车运行的安全防护和自动控制,这种闭塞方式称为移动闭塞法。移动闭塞时线路没有固定划分的闭塞空间,列车间隔是动态的,并随前一列车的移动而移动,列车防护区域由列车长度及其前后防护距离组成
30	固定闭塞	把线路划分为固定区域,在每个区域内只准许一列车运行,使前行列车和追踪列车之间必须保持一定距离,列车凭地面信号运行的行车闭塞方法
31	电话闭塞法	车辆段与车站间或相邻车站间通过电话联系,确认闭塞区段空闲、道岔位置正确且锁闭,司机凭路票行车,一个闭塞区段只允许一列车占用的行车闭塞方法
32	进路行车法	信号系统具备点式ATP功能,列车凭地面信号运行,一条进路内(仅指相邻两个同向信号机间的空间)只允许一列车占用的行车闭塞方法
33	区段行车法	将列车运行划分为若干个固定的区段(通常为出站信号机到下一个出站信号机),列车进入区段及在区段内均按地面信号显示行车,一个区段内只允许一列车占用的行车闭塞方法。区段可以由单个或多个信号进路组成
34	预复位	当计轴设备出现干扰显示占用或故障预修后,采用计轴预复位可将某一个区段的进入和出清轮对数清零,该进路经过列车占用、出清后进路解锁,设备恢复正常
35	道岔定/反位	指道岔除使用、清扫、检查、修理外,应规定经常保持向某一线路开通的位置,这个位置称之为定位,反之则称为反位。正常情况下,道岔开通直股时为"定位",开通侧股时为"反位"
36	计轴区段	由两个相邻计轴设备划定的轨道区段,在信号系统后备模式(点式ATP、联锁)下可根据其占用状态确定列车在信号系统内的运行位置
37	计轴点	在计轴电路中,线路上车轮传感器的安装点称为计轴点
38	计轴系统	通过比较列车运行区间两端计轴点是否一致,达到检测轨道、道岔区段、道口以及区间线路的占用或空闲的一套确保行车安全的重要信号设备
39	跳停	跳停指列车在车站不停车通过。可指一列客车在一个站或沿途所有站不停车;也可指某一站台的一列或所有客车不停车
40	跳停列车	指沿途不停站的客车
41	信号机内方、外方、前方、后方	信号机防护的一方为信号机内方,反之为外方;信号机显示的一方为信号机前方,反之为后方。两者对应关系是信号机内方即信号机后方,信号机外方即信号机前方
42	进路	指在车站内列车或调车车列由一个地点到另一个地点所运行的径路
43	联锁	指信号系统中的信号机、道岔和进路之间建立的一种相互制约关系。如进路防护信号机在开放前检查进路空闲、道岔位置正确及敌对进路未建立等,信号机开放后,道岔锁定,这种相互制约的关系称为联锁
44	时刻表	列车在车站(车辆段)出发、到达(或通过)及折返时刻的集合
45	站线	车站两端墙间内方的线路为站线
46	区间	两相邻车站相邻端墙间的线路为区间
47	列车	按运营时刻表、施工行车通告及有关规定编成的车列,挂有动力车辆(如机车等)及规定的列车标志,称为列车。列车分为客车、工程车、轨道车、救援列车等

续上表

序号	专业词汇	定义
48	电客车	指配有列车标志,按规定进行编组的,可载乘客运行的车辆,其由两组电动车组组成,每组由三节车厢组成
49	机车	指有内燃机动力的车辆,用来调车和牵引车辆
50	车辆	指没有自带动力的车辆,如平板车等
51	工程车	指由机车和车辆编组而成的列车(含内燃机车、接触网检修车等单机编组)
52	备用车	准备上线替换故障列车或需要加列车时使用的运用车
53	运用车	按列车运行图投入正线运营的车辆和备用车
54	检修车	转为进行计划性检修或故障检修的车辆
55	调车	除列车在运营线路上运行、车站或车辆段到发外,一切机车、车辆或列车有目的移动
56	前方站	指列车运行方向的下一车站
57	后方站	指相对于列车运行方向的车站
58	联锁模式	具备联锁但不具备车载 ATP 功能的模式称为联锁模式,该模式列车控制完全由司机根据地面信号机显示人工驾驶
59	关门车	临时发生空气制动机故障,而关闭截断塞门的车辆
60	疏散平台	指地铁运营列车在隧道内出现紧急情况时,疏散乘客的专用通道
61	头端墙、尾端墙	按定义的列车正常运行方向,列车停在车站时头部对应的站台端墙为头端墙,尾部对应的站台端墙为尾端墙,即上行线靠近刘庄站端,下行线靠近新郑机场站端为头端墙,反之为尾端墙
62	推进	在列车尾部司机室操纵列车运行,或救援列车在前端司机室推送被救援客车运行为推进运行
63	退行	客车越过停车标须退回停车窗内或列车从区间后退为退行,可以推进或牵引运行
64	反方向运行	在上行线开行下行方向列车或在下行线开行上行方向列车时,为反方向运行,但列车从区间返回发车站为退行。郑州市轨道交通 2 号线信号系统设有反向运行的功能,可以排列反方向的列车运行进路,列车可以反方向运行
65	首班车	依据当日的运营时刻表,在站投入载客服务的第一列车
66	末班车	依据当日的运营时刻表,在站投入载客服务的最后一列车
67	集重货物	指重量大于所装车辆负重面长度的最大容许重量的货物
68	运营时间	为乘客提供城市轨道交通运营服务时间,即线路单一运行方向的始发站从首班车发车到末班车发车之间的时间
69	非正常情况	因列车晚点、区间短时间阻塞、大客流以及设备故障等原因,造成列车不能按列车运行图正常运营,但又不危及乘客生命安全和严重损坏车辆等设备,整个系统能够维持降低标准运行的状态
70	应急情况	因发生自燃灾害以及公共卫生、社会安全、运营突发事件等,已经导致或可能导致事故发生或设施设备严重损坏,不能维持城市轨道交通系统全部或局部运行的状态
71	线路运营长度	运营线路按始发站中心至终点站站中心沿正线线中心测得的长度

参 考 文 献

[1] 浅谈中国地铁的发展 [DB/OL]. http://3y.uu456.com/bp_91eo24hh0l1jxus0i348_1.html.

[2] 上海申通地铁集团有限公司轨道交通培训中心. 城市轨道交通车站客运服务 [M]. 北京：中国铁道出版社，2010.

[3] 人力资源和社会保障部教材办公室，广州市地下铁道总公司. 站务人员 [M]. 北京：中国劳动社会保障出版社，2009.